家庭教育书架

U0623124

真正的财富是孩子

钟雪亮 编著

与其把财富留给**孩子**

还不如把孩子培养成"**财富**"

成都时代出版社
CHENGDU TIMES PRESS

图书在版编目（CIP）数据

真正的财富是孩子 / 钟雪亮编著 .-- 成都：成都
时代出版社，2014.3（2018.5 重印）
ISBN 978-7-5464-1125-5

Ⅰ.①真… Ⅱ.①钟… Ⅲ.①家庭教育 Ⅳ.① G78

中国版本图书馆 CIP 数据核字 (2014) 第 039283 号

真正的财富是孩子

ZHENZHENG DE CAIFU SHI HAIZI

钟雪亮　编著

出 品 人　石碧川
责任编辑　陈德玉
责任校对　李　航
装帧设计　欧阳永华
责任印制　唐莹莹

出版发行　**成都时代出版社**
电　　话　（028）86621237（编辑部）
　　　　　（028）86615250（发行部）
网　　址　www.chengdusd.com
印　　刷　北京一鑫印务有限责任公司
规　　格　710mm×1000mm　1/16
印　　张　14
字　　数　230 千
版　　次　2014 年 5 月第 1 版
印　　次　2018 年 5 月第 2 次印刷
书　　号　ISBN 978-7-5464-1125-5
定　　价　28.00 元

前　言

　　每个父母都想让自己的孩子接受最好的教育，给孩子的未来做好准备。但是，孩子教育问题是一个最费心思的问题，稍微有一点差错就会影响孩子的一生，做父母的应当知道如下的道理：授予知识是有价之物，开发智力是无价之宝，提高情商才是决定人生成功与否的关键。

　　但现实状况却是：不论是早期教育，还是学龄教育，家长往往都只重视知识的培养，并用分数的高低来衡量孩子的能力。

　　甚至有不少家长认为早期教育就是让幼儿多识字、多背诗、学数学，这是对教育的极大误解。

　　"三岁看大，七岁看老"，这是中国人耳熟能详的俗话。不过很多人却误解了其中的道理。二十一世纪将是"自主选择"的世纪。在这个世纪里，人将拥有更多的选择，他们必须积极地管理自己。进入了社会后，孩子必须自己决定自己从事什么行业，选择自己的老板，选择自己想加入的公司……每一天面临的都是选择。一个孩子如果长大了还是只会背诵知识，听话被动，等着别人帮他作决定或做事情，那他进入社会就算不被欺负，也不会被重视。好孩子应该是独立自主，自尊自强的孩子，应当是能独立处理和自己有关的一切问题，包括工作、学习、事业、家庭、感情、社会。

　　很多家长对孩子的期望很高，认为培养孩子的目的就是为了成名成家。家长应该走出这样的误区。

在当今五彩缤纷、变化万千的社会中，如何让孩子更好地适应社会、融入社会、找到一席属于自己的天地呢？孩子作为现代人，在通向成功道路上有一门必修课，那就是培养孩子的现代意识。要说天下父母不爱自己的孩子，那是瞎话；要说天下父母都知道如何爱自己的孩子，那也是瞎话。很多父母太爱自己的孩子了，而且爱得忘情，爱得太急，爱得太切，以至于因为自己的"爱"把孩子害得"体无完肤"却浑然不觉。

孩子很累，因为他们背负了父母太多的希冀，无法喘息；父母更累，倾其所有给孩子创造优越的物质条件，包办代替，再苦再累也不怕，为的就是让孩子专心学习，以后能出人头地。

古人说：留下千垛干柴，不如留下一把斧子。与其把财富留给孩子，还不如把孩子培养成财富。您想给孩子留些什么呢？财富、爱心、责任心、奋斗的精神，还是做人的本领？任何物质性的财富总有一天会用尽，但有一种财富却与此不同，这就是高素质的人才。如果把孩子培养成高素质的人才，孩子就能够去创造永远用不完的财富，享受无尽的人生幸福。

在这个时代，越来越多的家庭开始注重孩子的教育，也有越来越多的育儿类图书塞满了家长的眼睛，如何选择一本适合自己孩子的育儿书籍，显得非常重要。这本集子是一份深厚爱，一颗健康心，一本让孩子与父母都想读的书。你在家庭教育中所遇到的难题，都有可能在这里找到答案。发掘孩子无限潜能，成就孩子辉煌人生。我们无法选择祖先，但我们可以帮助下一代飞得更高。

目　录 CONTENTS

第一章
我们需要培养什么样的孩子

一、用第三只眼看孩子

在美国，一个华人家庭里有两个儿子。老大从小本分老实，但天资平平，学习成绩一般，家长投资培养其才艺也不见大起色，使爹妈失望。

而小儿子却聪明过人，灵气十足，不仅在校成绩一贯优秀，才艺方面也颇具天赋，音乐、下棋、美术等等，学什么就会什么。

可想而知，这小儿子为父母争了光彩，也是亲友们夸奖羡慕的对象。家长便放弃不争气的大儿子，投资时间金钱来重点栽培小儿子。为他选送好学校，课外也花重金带他到处拜师学艺。

小儿子还算听话，直到高中毕业都是各方面出色的好学生，又进入了人人向往的哈佛大学，家长更为之自豪无比。然而，从哈佛毕业之后，小儿子却什么事都不想做。他告诉父母："我已向你们交了差，你们有了个哈佛毕业的儿子，够有面子了。但我从小就在压力下生活，如今已经筋疲力尽，该是我放松一下，按自己的方式生活的时候了！"于是这个哈佛学生多年无所事事，四处闲荡。

而那个不起眼的老大，家长以往没给他施加过多压力，反而使他有空间时间参与轻松多元的课外活动。他有机会当了多年童子军，在主流少儿组织中接触更广泛的项目，获得综合知识技能，找到自己喜爱和擅长的领域，而且培养了自信自立自强精神，懂得要靠自己努力取得成绩。他读的虽是极普通的州立大学，却有机会展示和锻炼领袖能力。大学毕业后他不好高骛远，勤恳工作从普通岗位做起，表现非常出色，在经过大公司的锻炼后，选择了自己创业，如今领导着一家员工上千人的跨国公司。

如今，这家父母回想当年截然相反的情景，经常会发出疑问：难道是自己看走了眼？选错了培养重点？正可谓"有心栽花花不开，无心插柳柳成荫"。

其实，不是父母们看走了眼，是他们根本没有掌握看人的标准：什么是"好孩子"？什么才是有前途的孩子？那些在功课方面比别人优秀，在各种才艺方面比别人强的孩子就是好孩子吗？非也！

多年来，家长们已经习惯了一个衡量好孩子的标准：首先是学习好，其次是具备各种艺术才能。或者两者兼具，或者至少具备一样。如果这两样都不具备的，一律都归结为"没有前途"。这样做并不是哪些教科书规定的，但多年来因承沿袭，已经在家长头脑中被模式化了。可是，如果作为一个有心人仔细分析一下，社会上那些真正的成功人士，似乎具备这两样优势的人反而少之又少。爱因斯坦、牛顿离我们太远，不具有真正可比性，那就看看我们身边，不管是政治家、教育家、经济领域的高管，有多少人是从小就具有这样那样的天赋能力呢？不用列举太多数字，任何一位家长都可以自己去搜集这方面的资料，自己做一个比较，看看成功和这两条标准有没有必然联系。

摆脱传统观念的束缚，用第三只眼看孩子，是现代家长要学习的一课。教育专家给父母们已经指出了方向："所有孩子都是成功的，困难在于发现孩子在哪方面能成功。"这个观点告诉我们，不存在所谓好孩子或坏孩子，也不存在有前途或没前途的孩子，关键在于家长有没有善于发现的眼光。

二、情商与智商

每个父母都想让自己的孩子接受最好的教育，给孩子的未来做好准备。但是，孩子教育问题是一个最费心思的问题，稍微有一点差错就会影响孩子的一生，而父母对孩子情商和智商的培养，是决定孩子一生健康成长的关键，作为父母的你，是否还在为孩子的智力不够高而发愁？是否还在每天愁眉苦脸地为孩子学习成绩不理想而烦恼？实际上，您的这种烦恼大可不必。

　　智商实际上就是一种表示人智力高低的数量指标。智商包括观察力、记忆力、思维力、想象力、创造力以及分析问题和解决问题的能力。英文简称 IQ。国外有人专门为之设计了一个计算公式：IQ=MA（智力年龄）／CA（实际年龄）×100。

　　而情商是情绪智商的简称，是指情绪智慧的高低，也是指管理自己的情绪和处理人际关系的能力。

　　情商包括：认识自我、管理自我、自我激励、识别他人情绪、人际交往关系等方面的能力。情商高就证明你认识、管理、激励自己的能力强，你善于与人相处。

　　过去的观点通常认为智商高低与一个人的发展成就是密切相关的，然而现今这种观点被认为是片面的。国外最新的研究发现，人生事业成功与否主要取决于情商，而不是智商。情商主宰人生可有 80% 的作用，智商对人生仅有 20% 影响力。这也就是智商高的人为什么事业无成，而智力平庸的人却表现非凡的主要原因。

　　有一句话说得好："智商让孩子成长，情商让孩子成熟。智商研究的是如何用脑做事，情商研究的是如何用心做人。"情商包含着丰富的内容，简要地可概括为五个方面：

　　一是认识自身的情绪。时时处处能非常清楚地意识到自己的情绪状态，只有正确地了解情绪，才能主宰生活。

　　二是妥善管理情绪。在对情绪自我认知的基础上，能把情绪保持在适度、适时、适所的状态。

　　三是自我激励。无论遇到怎样的艰难，陷入怎样的困境，总能鼓动自己振作精神、奋发向上，始终保持高度热忱、乐观的驱动力。凡能自我激励的人做任何事成功率都比较高。

　　四是认知他人的情绪。会从细微处觉察识别他人的情绪，善解人意。这种人特别具有同情心，而同情心为他们提供了良好的人际基础。

　　五是善于协调人际关系。充分掌握这项能力的人会有好人缘，在复杂的群体中能与人和谐相处，被人推崇，常可成为领导者。

　　智商和情商都重要，但大量的事实表明，社会上那些成功人士，80% 靠的是情商，只有 20% 左右靠的是智商。

　　有相当一部分在学校里被认为智商并不太高的人，在社会生活和经济管理领域里却是成功者；另外也有一部分人智商很高，但情商并不是很高，这样的人更适合从事科学研究工作。因此可以说，智商高可以在专业里出成绩，而情商高却可以在社会上出成绩。不论取得什么成功，成功的人往往是智商情商皆具的。

由于智商的特点往往大部分取决于先天性，即智商不是培养出来的，所以后天在智商上下功夫，只能是缘木求鱼。智商在于发现和引导。

情商却可以后天培养，从这个角度来说，情商对于人的成功起着比智商更加重要的作用。因此，做父母的应当知道如下的道理：授予知识是有价之物，开发智力是无价之宝，提高情商才是决定人生成功与否的关键。

但现实状况却是：不论是早期教育，还是学龄教育，家长往往都只重视知识的培养，并用分数的高低来衡量孩子的能力。甚至有不少家长认为早期教育就是让幼儿多识字、多背诗、学数学，这是对教育的极大误解。

"三岁看大，七岁看老"，这是中国人耳熟能详的俗话。不过很多人却误解了其中的道理，实际上这句话说的是孩子情商而不是智商。

由此可见，中国古代人就已经知道了情商培养的重要性，到了近代不知为什么却被大家彻底遗忘了。

三、多元智力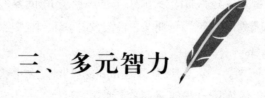

美国心理学教授加德纳认为，人的智能并非像人们过去想象的那样，主要是由逻辑思维和语言能力构成的。他提出，人的智能可以分成至少8种类型，包括语言智能、数理逻辑智能、肢体运动智能、视觉空间智能、音乐智能、人际交往智能、自我认识智能，还有近几年才增加的自然认识智能，这就是多元智能理论。

多元智能观认为，虽然人的智能被分成了8种类型，但这并不意味每个人只有其中的某几种。恰恰相反，每一个人都具有这8种智能，只不过每种智能在个人智能总和中所占的比重不同而已。人的智能是多元性的，家长应重视培养幼儿正确的思维方式，采取有针对性的方法和手段，引导他们正确地看待自己和他人，并最大限度地开发每个幼儿各自的潜能优势，教会幼儿慢慢懂得理解、懂得尊重，懂得全面地去认识自己和他人的长处与不足。

这与传统的观念很不同，因为大部分的人以为所谓的"智力"只到上述前三种，一般学校教育也以语文、数学逻辑为主要内容，艺术、体育等仅仅是一个点缀而已。因此，为了弥补教育界对这一理论认识的缺陷，家长们有必要了解多元智能的概念，以便为孩子提供更好的教育。

言语——语言智力。是人们读、写和用词语进行交流的能力。突出表现在作家、诗人、演说家、社会活动家、教师等身上。

逻辑——数理智力。是人们进行数学思维、逻辑推理、科学分析及计算的能力。这种智力在科学家、数学家、计算机软件工程师、律师、法官、哲学家、会计师等身上有着极大的发展。

音乐——节奏智力。音乐节奏智力结构中的最主要的因素是：音高、旋律、节奏、音色。这种智力突出表现在作曲家、指挥家、演奏家及舞台表演者身上。

视觉——空间智力。是人们在头脑中形成外部空间世界的模式并运用和操作这种模式的能力。优秀的建筑设计师、画家、航海家、雕塑家等都具有高度发达的视觉——空间智力。

身体——动觉智力。是人们对身体运动的控制能力和熟练操作对象的能力。舞蹈家、外科医生、体操运动员等都具有优良的身体——动觉智力。

交往——交流智力。是善于理解他人、熟探他人心思、与人融洽相处、长于组织沟通的能力。交流智力发达的人，都是沟通、谈判的高手，能很好地胜任谈判专家、咨询人员、营销人员、教师等职业。

自知——自省智力。是深入了解自己的内心世界、情绪情感、行为动机并能加以调节的能力。一般来说，文学家、哲学家、心理学家、音乐家、神职人员都具有高度发达的自知——自省智力。

观察——自然观察智力。加德纳后来又将自然观察智力增加为第八种智力，认为这种智力是观察自然、发现自然，从中得出自己独特理解和形成世界观的一种能力。

加德纳的发现，为广大家长们打开了一扇门，使得大家对孩子的了解有了更宽广的视野。那么多元智能是先天的还是后天的呢？加德纳指出：多元智力可以靠培养而养成，孩子除了学校教育之外，另外还有家庭教育可以强化，家长不应浪费这个让孩子养成健全人格的机会。在日常生活中，家长应该认识到：

1. 每个孩子都是一个潜在的天才

每个孩子都不同程度地拥有八种智力或九种智力！每个孩子都有可能将其中的一种或几种智力发挥到淋漓尽致、出类拔萃！家长应该以欣赏、欣慰、感恩的心态对待自己的孩子，自始至终对自己的孩子充满信心和希望。

2. 家长应该重新认识"智力"，及时转移开发孩子"智力"的重心

加德纳的研究结果表明：智力是"在一定的社会文化背景下，个体用以解决自己面临的真正难题和生产及创造出社会所需的有效产品的能力"。家长应该及时将开发孩子"智力"的重心转移到培养和发展孩子"解决实际问题的能力"和"生产及创造出社会需要的有效产品的能力"，注重孩子适应社会发展需要的素质的全面提升。

3. 家长应该不断学习，掌握"激活"孩子各种智力的有效方法

智力是一种潜能，家长理所应当成为这种潜能的激活者，激活孩子的"潜能"，不仅需要家长的爱心，更需要家长的智慧和技巧。家长应该积极主动地学习，客观地观察孩子、公正地评估孩子、合理地引导孩子。

科学地"开发"孩子……高效地激活孩子的"潜能"，使孩子的生命更加精彩！

4. 家长应该注重"因材施教"，"对症下药"

决不能盲目"跟风"、生搬硬套。适合别的家庭、别的孩子的模式及方法，

不一定适合你的家庭、你的孩子！

5. 家长应科学、客观、宽容、冷静地面对"聪明孩子坏成绩"

不灰心失望，不责骂羞辱，更不"拳脚相加"。永远都对孩子充满耐心、爱心、信心，在促进孩子全面、主动发展的大前提下，"扬长避短"，注重开发孩子的优势智力，使孩子生动活泼、自尊自信地成长、成才。

许多被认为是"高智商"的人，在步入成年后未必有建树；有些"坏成绩"、被认为是智商低的人，却在日后的人生道路上取得了很大成就。

曾经有项实验，两个班级的学生入学时，其平均智力相当，但两个班的教师被给予错误的数据，显示其中一班的智力优于另一班。经过一年半之后，两班学生再进行一次智力测验，结果被以为较优的那一班的平均智力竟高于另一班30个百分点以上。其原因在于教师对于学生的期望不同，影响了学生的自我评价。这种由内在心理期望逐渐转变为外在结果的情形，就被称为皮格马利翁效应。

由此可见，父母对待孩子如果都以优点视之，进而发掘其优点，将孩子视为独一无二的珍宝，他自然就会成为一颗珍宝。

四、天才不一定能成才

"天才"是人已经具有的内质，孩子小时候具有天分，长大后这些才能并不会消失，只是看他想不想、会不会将这些才能发挥出来。

小时候的"神童"长大成为平庸之人的例子中外皆有，追其原因，都是由于教育不当，拔苗助长。美国也曾有十一二岁就进大学的神童，但在缺少同龄人的环境中，这些孩子往往得不到适合其年龄的正常关注，心理、感情成长得不健全，对一些需要较丰富知识和经历才可理解的课程难以消化，有的后来成了一事无成的牺牲品；有的不得不长大几岁后重新读大学，反而耽误了时光；还有的虽然学业上有所造诣，社交等综合技能却极度欠缺，丧失了正常的人生。目前，明智的美国家长和学生本人，都懂得人生不可速成，不愿意选择提早毕业或跳级，而希望充分享受该属于自己的童年、少年、青年，或小学、中学、大学时光。

中国一度兴盛大学办神童班，总体来讲也不算成功，近年这股热已经减退，大学的神童班逐年减少。

但是，还是有一些华人家长仍期待自己家里能出个把"神童"，那些介绍如何培养"哈佛女孩"、"耶鲁男孩"，甚至百多年前某外国人培养孩子成为"天才"的早已过时的理论，才能有那么大的热销市场。

东西方对"成功"认识有很大不同。中国人往往以"名"、"利"、"权"、"地位"等来衡量成功与否，好像进名校赚钱多职位好名气大就是成功了，成为所谓"人上人"更被奉为成功的偶像，忽视了人们真正的喜好及人生的快乐。其实，上好中学名大学，只不过是人生中学习知识的一种过程，将其当作奋斗目标是本末倒置，用其衡量成功与否也不对头。

美国人大多不像国人这样在乎名校招牌和职业地位，他们认为，一个人只要做其喜欢的事，过其向往的生活，无论贫富贵贱，都是成功的人生。追求民主自由平等的美国人更不会认同"吃得苦中苦，方为人上人"，他们也崇尚吃苦耐劳个人奋斗，目的是改变自己挑战人生。如果说培养孩子的目的是期望他们将来成为凌驾别人头上的"人上人"，准会被认为心态不端。如今的新一代定义成功和人生的标准，又与前辈不同。因此家长们若以老辈的中国式标准来定义成功，会有悖于当今主流文化，更会被新一代所嘲笑。

可以说，具有天才素质的人，并不一定都能成功。而所谓的成功者，更不一定都是天才。那些流传世上的论述"培养天才"、"成功之道"之类的书籍，其实都是不切实际之谈，因为根本不可能按照一种蓝本把所有人都克隆成"天才"或推向"成功"。身为家长的应该从眼下做起，根据孩子们的特点，为他们创造充分发挥自我潜能的环境，不错过人生的每个成长阶段，一步一个脚印、踏踏实实走向成功。

目前市场上的许多亲子教育书籍，都聚焦在教导父母"如何培养出天才儿童"、

"高智商儿童养成术"、"如何赢在起跑点"等，而许多父母也偏爱赶流行，希望借着书上的教育方式把孩子教育成天才，以后能够功成名就、光宗耀祖。其实，如此的偏见应该不是这些书的本意，每位父母都应先从了解孩子个别的差异性做起，例如有些较擅长静态表现，有些则擅长动态表现。每个孩子皆有不同的个性发展，父母应了解孩子真正的需求，依据适性适才而教才是最恰当的方式。

五、每个孩子都有自己的天赋

据媒体报道：17 岁考上中国科学院高能物理所硕博连读的魏永康，19 岁时，因生活自理能力太差，知识结构不适应中科院的研究模式被退学；而 14 岁考入沈阳工业大学的王思涵，却因为多门成绩零分，也被学校"责令退学"。

1983 年出生的魏永康 2 岁就掌握了 1000 多个字。在小学只上了二年级和六年级，1991 年 10 月，8 岁的魏永康就跳到了县属重点中学。从此，在魏永康的生活中，除了学习，还是学习，没有伙伴，也没有玩具。13 岁时，魏永康又以高分考进湖南湘潭大学物理系，成为当地公认的"神童"。

在大学四年里，魏永康的妈妈一直都在学校陪他。为了让孩子专心读书，所有的家务事情她都自己做了，包括给魏永康洗衣服、端饭、洗澡、洗脸，为了不耽误永康吃饭的时候看书，他读高中的时候，魏妈妈还亲自给他喂饭。

2000 年，17 岁的魏永康考上了中科院高能物理研究所的研究生，这一次魏妈妈不能跟在他身边，魏永康离开妈妈，无法安排自己的学习和生活。他想去天安门玩，大冬天都不知道换衣服，穿着单衣、趿着拖鞋去天安门逛了一圈。这样的事情发生多了，魏永康感到实在不能适应没有妈妈照顾的生活。2003 年 8 月，已经上了三年研究生的魏永康从中科院肄业回到了老家。2004 年，魏永康曾经几度离家出走，最长的一次走了 39 天。

同样曾被誉为"神童"的东北男孩王思涵，从小聪明好学，小学三年级时就以优异的成绩考进东北育才中学少年班。2001 年 8 月，只有 14 岁的王思涵以 572 分超出分数线 60 分的优异高考成绩，考进沈阳工业大学自动化专业。

然而，王思涵入学后的成绩却一直处于末流，大一时三门以上课程不合格，学校要求他在大二的时候重修大一课程，此后的大学四年各门功课也陆续亮起红灯。在毕业考试中，除英语外，其他学科他选择了弃考，由于仅有一科英语合格的毕业成绩，王思涵被学校"责令退学"。

王思涵的父母都只是普通工人，家庭经济并不好，为了让王思涵能够顺利完成大学教育，父亲每天打两份工。而王思涵考上大学的时候，他的父亲却因积劳成疾去世了。

两名神童的结局就是拔苗助长的悲剧。因为魏永康是湘潭大学历史上最年轻的大学生，学校对他的到来给予了足够的重视，各大媒体亦对魏永康展开了立体式的"轰炸"。这无形中抬高了社会和家长对魏永康的期望，为他的成长间接设置了障碍。同时，很多家长对于自己的孩子缺少一种常人的心态，对孩子除了学习没有别的要求，其他事情都是包办代替。

仅仅几年光景，魏永康、王思涵由昔日"神童"到"泯然众人矣"的人生历程，演绎了一幕现代版的"伤仲永"。

就在两名神童退学引发的社会舆论达到高潮时，媒体又相继披露了部分神童的不幸命运："神童"宁铂如今出家为僧、谢彦波"有心理问题"、干政"自我封闭"。

宁铂 2 岁半时已经能够背诵 30 多首毛泽东诗词，3 岁时能数 100 个数，4 岁学会 400 多个汉字，5 岁上学，6 岁开始学习《中医学概论》和使用中草药，8 岁能下围棋并熟读《水浒传》。1977 年 11 月，国务院副总理方毅批示中国科技大学"破格"录取宁铂。

本科毕业之后，宁铂留校任教，并在 19 岁成为全国最年轻的讲师。从 1982 年开始，他三次报考研究生，但都放弃了考试。宁铂很少做物理学科的研究，却把大量时间用于围棋、哲学和宗教。1989 年、1990 年、1991 年，他连考 3 次托福，均未过关。

1988 年结婚之后，宁铂练习气功，吃素，与常见的生活习惯渐行渐远。1993

年，因为与妻子的一次小口角，他跑出家门，四处游荡了半个多月。这之后两年间，他一度下海，最远跑到了海南，最终却不得不回到中科大。2002年，宁铂前往五台山出家，很快就被中科大校方找了回去。一年后，他再度出家……

"神童"谢彦波受到困扰的时间要比宁铂晚得多。1978年，谢彦波去中科大入学时刚刚11岁，此前只有小学5年级的人生经验。从入学时起，老师和同学们对谢彦波的担忧就从没消散过。"人际关系这一课，心理健康这一课，整个班级的孩子都落下了，他的问题尤其严重。" 1982年，谢彦波提前一年大学毕业，15岁在中科院理论物理研究所跟随于渌院士读硕士，18岁又跟随中科院副院长周光召院士读博士，但是，他没能处理好和导师的关系，博士拿不下来，于是转而去美国读博士。

回国后，谢彦波以硕士的身份接受了中国科技大学近代物理系教师的工作。不过，他本人对物理这门学科却越来越怀疑。过去，他认为科学是神圣的，但是最近几年来，他开始怀疑整个科学体系。他试图查找一些漏洞，进而证明科学本身就是一个错误。

干政与谢彦波的轨迹惊人的相似：都是在普林斯顿，都是学理论物理。回国后，中国科技大学物理系的一位主管老师找到了干政，表示他可以回科大读博士。令大家惊讶的是，干政拒绝了。

几年之后，在家赋闲已久的干政又表示想到科大工作。这一次科大没有同意，当时科大聘用教师已有新规定，博士文凭是必要条件。而干政也表示不想读博士了，但他长期找不到一份工作，他的精神状态时好时坏。最终，干政把自己禁锢在了与母亲同居的家里。

有鉴于此，我们不禁要问：形形色色的少年班到底在培养什么样的人才？国外研究结果表明：只有少数的天才儿童成长为某个领域的缔造者或开拓者。高智商的儿童大多会取得一定的成功，能够成为某个领域的专家或学者，但是只有极少数能够取得创造性的成就。

成为大师或开创性的人物，除了智力因素外，还有很多非智力的因素起着决定性的作用。顽强的性格、坚韧的品质以及当时的社会环境都可能成为决定性的因素。

每个孩子都有自己的天赋，每个孩子也都有成才的机会，成才的道路不止一条，让每个孩子都获得良好的教育才是我们作为父母的责任和努力所在。

六、培养孩子健全的人格

先讲两个真实的故事：

北京大学有一个高才生叫卢刚，到美国爱荷华大学读天文物理专业的博士学位。他绝顶聪明，参加博士资格考试时，他各门功课都是 A，打破了物理系历届高分纪录。

在卢刚读博士之后，中国政府又派了一个小伙子来读博士，新来的小伙子叫山林华，来自中国科技大学。在博士资格考试时，他与卢刚并列第一名。

卢刚心胸狭窄，攻击性强。他们三个留学生住在一个房间，卢刚不愿意住在里面，要一个人住外间。住外间还嫌热，晚上把冰箱打开凉快凉快。他凉快了，人家冰箱里放的鱼、肉都臭了。这么一个人怎么跟别人相处呢？

可山林华对谁都很热情，见人微笑，有求必应。所以老师们、同学们都很喜欢他。因此他被推荐为中国学生联谊会会长，他比卢刚晚来一年，却跟卢刚同时拿到博士学位，并且还留了校，结了婚。

这一来卢刚可容不下了，认为美国教授不公平，认为山林华是溜须拍马的小人。

卢刚拿到博士学位后，做的第一件事情居然是去买了一把手枪。为什么？他认为美国的教授不公平，他要教训一下教授。

有一天开一个天文物理专业的研讨会，卢刚夹着一个小包袱来了。会刚开了大概 5 分钟，卢刚静静地旁听了 5 分钟，突然拔出手枪。他首先开枪击中了他的博士生导师，一个 47 岁的教授。教授应声倒下，卢刚又在他脑后补了一枪，继而又朝另一个教授身上射击两枪。然后卢刚又冷静地将枪口瞄准了他嫉恨已久的"竞争对手"——中国科技大学高才生山林华博士。他一连朝山的脑门和胸膛放了几枪，山林华连哼一声都来不及就当场死亡了。

卢刚在第一现场枪杀了三个人之后，又蹬蹬地从三楼跑到二楼，打开了系主任的办公室，枪杀了44岁的系主任。他确认系主任已经死了之后，又跑回三楼第一现场，看到那个教授还没死，又补发了致命的一枪。这时，卢刚冲进大学行政大楼，推开副校长女士的办公室，朝她胸前和太阳穴连射两枪。副校长的女秘书惊恐地拿起电话要报警，卢刚又向女秘书脖颈上射了一枪。最后他举枪自杀。

在10分钟里杀了6个人，这是一个受了博士教育，前程不可估量的人做出的不可思议的事！这个孩子为什么会做出这样不可思议的事呢？

宁夏有个高才生，得过全国中学化学比赛第一名，后来被保送到北京大学化学系学习。他虽然学习成绩非常好，但是从小到大从没有好朋友，他不会与别人交往，放了学就回家，回到家就学习。他希望交朋友，但不会交朋友。上大学以后，他和同宿舍的一位男同学形影不离，这个男同学走到哪里他跟到哪里。那位同学觉得男同学之间那么亲密，怕别人怀疑他们同性恋，所以不愿意和他过分亲近。后来这个宁夏的学生悄悄买来毒药放在那个同学的水杯里。那个同学虽被抢救活了过来。可他被判刑八年。

这就是重智轻德的结果，成绩上去了，却不会做人，不会处理人与人之间的关系。

从上述两个例子中，我们可以思考这样一个问题：教育的核心是什么？教育的核心是传授知识，还是培养健全的人格？答案是确切的。一个人人格健全，不论走到哪里都可以让人放心；如果一个人人格不健全，他表面上不管多么辉煌，随时都可能崩溃。

所以，健康的人格比渊博的知识重要得多。

我们要培养孩子的健全人格，就是要培养孩子的人格能力，比如，自食其力的能力、独立生活的能力、不怕吃苦的能力、不怕打击的能力、适应各种环境的能力、善于合作的能力等等。这些能力也是一个优秀的人必须具备的，也要从小培养。

人的性格不分好坏，各有各的长处和短处，人的气质是先天的，是无法改变的，人们只有在正视它的基础上多学习别人的长处，努力完善它。

现在的孩子在思想上存在很多问题，有的特别自私，有的特别蛮横，有的孤僻，有的胆小，有的自卑，有的缺乏理想，有的贪图享受，有的大把大把地花钱。造成孩子这些人格不健全的原因很多，但主要的原因是家庭教育的原因。现在，独生子女特别珍贵，爸爸妈妈生怕养不好，过度保护，过度溺爱。这样长大的孩子，以自我为中心，人际关系不良，不能适应环境，常有不安全感，情绪不稳定，常钻牛角尖，缺乏解决问题的能力，独立性差，依赖性强。这样的孩子长大后来到复杂的社会上，各方面的能力差，工作起来往往困难重重，常常会产生心理障碍或心理疾病。

培养孩子健全的人格需要父母的榜样引导。父母是孩子最早、最近、最熟悉的老师，父母的一言一行都会对孩子产生重大的影响，所以父母要为孩子树立一个良好的榜样，身教重于言教，要求孩子们做到的，父母要带头做到，如果要求孩子是一套，而对自己的言行却是另外一套，不仅教育效果会大打折扣，而且会助长孩子在人格上的两面性。

七、"太听话"不是孩子的优点

中国人总是把"听话"当作一个孩子的优点。在生活中，许多家长事实上是在按照这样的标准管教孩子：听话，让孩子做什么就做什么，是"好孩子"。走自己为孩子设定的理想道路，是"好孩子"。

然而，这在很多时候只是大人的一厢情愿。

二十一世纪将是"自主选择"的世纪。"在这个世纪里，人将拥有更多的选择，他们必须积极地管理自己。"进入了社会后，孩子必须自己决定自己从事什么行业，选择自己的老板，选择自己想加入的公司……每一天面临的都是选择。一个孩子如果长大了还是只会背诵知识，听话被动，等着别人帮他作决定或做事情，那他进入社会就算不被欺负，也不会被重视。好孩子应该是独立自主，自尊自强的孩子，应当是能独立处理和自己有关的一切问题，包括工作、学习、事业、家庭、感情、社会。

因此，培养孩子独立性才是当务之急。

不听话的不一定不是"好孩子"。孩子不听话，有很大一部分原因是家长教育方式的不当。另一个方面，即意味着孩子有主见，有自己的思考和判断，或者相信自己，比较执着，不经实践证明是错误的决不回头。事实上，在许多有成就的人的孩提时代，这些优秀品质就是在这不听话中萌芽的。相反，很多让做什么就做什么，事事依从父母的孩子，长大后十分平庸，无甚建树。

不走大人设定的路的不一定不是"好孩子"。每个人都有自己的路。他人设定的路，不一定就是自己想走的路。哪怕是父母，都很难为孩子设定出他最满意的路。而不满意的路，在父母的高压下，孩子却不得不走下去，这将令孩子痛苦一生，一辈子也不幸福。正所谓"强扭的瓜不甜"，孩子对哪条路感兴趣，我们应该是培养而不是扼杀他的兴趣。试问，天底下又有多少人的路是他父母从小为他设定的？

"好孩子"的旧有标准，我们应该打破。我们应当把每个孩子都看成是好孩子，再来看他身上是不是存在一些缺点、毛病、不足，在以后的生活中逐步帮他改掉这些毛病和不足。

那么，如何培养独立自主选择的能力呢？不难，只要父母们按照几条原则去做，不需要什么高深的技巧，一样可以培养独立的孩子。

要教孩子"自己想办法"的习惯。

要把选择权给孩子，让孩子成为自己的主人。

要培养孩子的责任心，多指导，少批评。

要培养孩子的好奇心，不要什么都教他们，让他自己去试，失败也没关系。

要信任孩子，信任比惩罚更能够激起责任心。

不要用太多规矩限制孩子的自由，要让孩子去做自己喜欢做的事。

不要惩罚失败，失败是让人进步的学习过程。

不要说教，如果孩子相信了你的说教，他可能失去判断力，如果孩子不相信说教，他可能叛逆或不信任你。

不要生活上凡事都包办代替，放手让孩子自己做。

不要过多地插手孩子的事务，剥夺孩子自己的选择权。

其实，教育孩子并无定法，关键的是要适合孩子自己。不适合，再好的教育方法也会不见效果。倒是我们应当细细品味"父母是孩子的良师益友"这句真言。许多人正是忘了这句话而致教育方法失当的。既为良师益友，就不能以父母长辈自居，就要尊重、理解、关心、爱护、宽容孩子，和他一起去面对问题和矛盾，和他一起去观察世界，理解生活，判断事物。如此，我们才可能为孩子营造一个健康快乐的成长环境，培养他的独立见解、健全人格和其他一切优秀品质，使他真正成为我们大家眼里的"好孩子"。而当你真的成为孩子的良师益友的时候，你也会发现孩子的思想，以及孩子的世界，都是那么的美妙。

八、调皮的孩子更聪明

说起孩子的调皮，相信很多家长感同身受。在家庭教育或学校教育中，我们常常发现：不管在家还是在学校，那些老实、听话的孩子往往会得到父母和老师更多的偏爱，而那些调皮、爱捣乱的孩子往往受到的批评最多。这是因为调皮的孩子总是会制造出让人头疼的事来，总会惹出一大堆的麻烦。他们很少循规蹈矩，他们常常无事生非，他们不喜欢屈服权威，他们喜欢搞破坏，他们胆大妄为，随时都可能玩出格。

调皮的孩子经常让家长大伤脑筋，为了管教孩子，很多父母想尽办法，试图遏制孩子调皮的行为，甚至有人还动用了一些极端的手段。且慢，在高压政策的棒喝之前，我们是否应该反思一下：我们对孩子的管教方法和对孩子的评价标准，有没有什么问题？这个问题如果不想清楚，我们常常就会因错误的判断而致不当的管教，不是成为孩子成长道路上的引路人，而成为事实上的绊脚石。

你可曾在这些调皮的孩子身上发现闪光点呢？他们活泼好动、善于思考，坚强并勇敢，好奇心强，善于观察，喜欢去探寻未知世界。这就是调皮的孩子。他们虽然有时让家长、老师们头疼，但是却时常给人以惊喜。

在很多情况下，"调皮"是孩子聪明、富于想象力和创造性的表现。调皮孩子敢于打破常规，敢于不走寻常路：他们思维活跃，有自己的想法；他们意志坚强，敢于冒险。只要家长和老师善于引导，调皮的孩子往往将是未来最有出息的人。因此，作为家长，我们应该正确地对待他们的"调皮劲"，而不是一味地批评和责骂。只要给予他们正确的引导和鼓励，孩子们在以后成长的道路上，才会发挥出自己独特的优势。

不要以为孩子越听话越好。我们常以为性格温顺、听话的孩子肯学习，容易教，应当是聪明的，可事实上，却常常是那些调皮的孩子聪明。

这是为什么？

国外的一些心理专家认为，那些性格温柔、听话的孩子，常常是父母让干什么就干什么，给父母腾出时间去做自己的事，而孩子则默默地在一旁玩自己的，无形中减少了与父母进行语言及感情交流的机会。

而那些捣蛋的孩子顽皮、任性，常常违反父母的意图，甚至干扰父母的工作与家务。可是这却迫使父母放下手中的事，耐着性子去解释和劝导，结果反而使得孩子获得了许多与父母亲近的机会。与父母语言、感情的交流增多了，就促进了孩子语言的发展和智力的提高。另外，调皮的孩子大脑总是在运转，听话的孩子往往依赖性比较强，不大肯去用脑。而脑子是越用越灵的。这样，调皮的孩子常常比较聪明也就不奇怪了。

调皮捣蛋做错事的不一定不是"好孩子"。我们并不纵容孩子调皮捣蛋做错事，但却应该有充分的宽容。很多时候，这样的孩子有开创性，敢于探索的精神等等。有这样一个故事也许会令一些人反思：有三个人的童年时代，很不相同。其中两个调皮捣蛋，另一个则是当时人们眼里标准的"好孩子"。结果是：前两个是丘吉尔、罗斯福，后一位则是臭名昭著的希特勒。

　　只有当老师和家长用平等的态度去对待调皮的孩子，善于挖掘出他们身上哪怕是微不足道的优点，用一颗赏识的心去鼓励他们，那么再调皮的孩子也会对自己充满自信。面对调皮的孩子，需要的只是努力寻找他们的闪光点，哪怕是沙里淘金，家长和老师也要发自内心地去赞扬、鼓励和引导。只要有爱，再固执、调皮的孩子也会被感化。我们要使他们体味到做"好孩子"的感觉，并在这种感觉中自信成长。

　　每个孩子都渴望被尊重和赏识，调皮的孩子也一样。所以，家长要学会用欣赏的眼光去看待调皮的孩子，更好地发现他们身上的优点和长处。正确地引导教育，去激发他们不断进取的内在动力，才能让他们自信地扬帆远航。

第二章
给孩子一笔知识财富

一、要想取得杰出的成就必须
掌握渊博的知识

几年前，美国著名的统计机构盖洛普组织，从《今日美国名人录》中随机选择了 1500 名有杰出贡献的人，探究他们成功的奥秘。选择的标准既不是财富，也不是社会地位，而是他们在所从事的专业领域中的现有成就。在这些成就卓著的人中，发现了一些共同的特点，其中最重要的五个特点中，有三个与知识有关，即通晓常识、精通专业和博学多才。

1. 通晓常识

成功者中具有这种品质的人最多。79％的人对自己的这种优良品质评了最高分；61％的人认为通晓常识对其成功的贡献非常重要。对大多数人而言，常识意味着对每日繁杂的事务作出合乎逻辑的、客观的判断这样一种能力。要这么做，就必须排除枝节观念，得出事物正确的核心内容。一位成功的商人把这种品质表达为："成功的关键能力是简化。在决策会议和产业原则处理中，把一个复杂的问题化为最简，这是最重要的。"

学者指出，通晓常识这种能力并非先天就有的，而是后天可以增强的。那些从小好争善问、善于向他人学习，以及从他人和自己的错误中吸取经验的人，在常识的掌握方面占有明显的优势。

2. 精通专业

仅有常识是不够的，对所从事的专业知识也要精通。75％的成功者为自己的这种品性打了"A"分。地质学家菲利浦·奥克斯莱是著名的坦尼克石油勘探

生产公司的创立者、当今欧洲坦尼克的主席。他认为，他的成功是由于精通石油专业知识。他通过亲身参加探油、采油工作，掌握第一手的专业知识。他说："一个人要想成为优秀的管理人才，必须对他所从事的行业知识有实地经历过的了解。"今天，他的专业知识为他挣得了大量的财富。菲利浦认为，"掌握专业工作必需的知识"是成功公式的一部分。

除了让孩子在求学期间获得一定的专业知识，还要告诫他，这种学习过程要一直持续下去。坚持学习的人才不会落伍。

3. 博学多才

成就显赫者必备这种品质。因为它包含了迅速领悟高深的观念并深刻透彻地分析它们这样一种天赋能力。43%的成功者认为，它是成功的一个非常重要的组成部分，另外有52%的人说它是相应重要的。

现代研究证明，有许多种才智是无法用通常的方法（例如智商测验）来估断的。但值得注意的是，很多名人都具有相应高的智商数。根据调查，名人们的博学多才是由智商之外的至少三个因素促成，它们是广博的语汇、良好的阅读习惯和写作技能。这些成就非凡的人，平均每年读书19本，其中包括10本非小说类的文学作品。

当说起智力因素时，这些拔尖人物们不是只谈天赋智能。一位知名公司财务总监把它总结为："好奇的头脑和广泛的兴趣是成功的重要基础。"

正因为知识是杰出的基础，为了将来发展的空间更加广阔，让孩子在年轻时养成努力探求知识的好习惯是非常重要的。在这方面，达·芬奇为我们树立了很好的榜样。

在意大利文艺复兴时期，曾产生过许多画家、雕刻家、建筑家，而达·芬奇是这个时代"在思维能力、热情和性格方面，在多才多艺、学识渊博方面最杰出的巨人"，他在许多领域都有发明创造。这样一位伟大的先驱者，之所以能够取得如此杰出的成就，和他在年轻少壮时努力探求知识的习惯是分不开的。

达·芬奇的童年是在家乡度过的，他从小勤奋好学，善于思考。他对绘画有特别的爱好，也喜欢玩弄黏土做一些稀奇古怪的玩意儿。他常常跑到小镇的街上去写生，邻居们都称赞他是"小画家"。

有一天，达·芬奇在一块木板上画着一些蝙蝠、蝴蝶、蚱蜢之类的小动物，他的父亲看见了，觉得画得不错。为了培养他的兴趣，1466年，父亲送他到佛罗伦萨著名艺术家佛洛基阿的画坊去学艺，那时，他正好14岁。

佛洛基阿是一位富有经验的画师，对学生要求十分严格，他教达·芬奇的第一课就是画鸡蛋。从此，达·芬奇根据老师的要求，每天拿着鸡蛋，一丝不苟地照着画。过了一年、两年，达·芬奇有点不耐烦了。有一天，他实在忍不住了，便问道："老师，为什么老是让我画鸡蛋呢？"佛洛基阿听了，耐心地对他说："别以为画蛋很简单、很容易，要是这样想就错了。在1000只蛋当中，从来没有两只形状是完全相同的。即使是同一只蛋，只要变换一个角度，形状便立即不同了，如把头抬高一点，或者眼睛看低一点，这个蛋的轮廓也有差异。如果要在画纸上准确地把它表现出来，非要下一番苦功不可。多画蛋，就是训练眼睛去观察形象，训练随心所欲地表现事物，等到手眼一致，那么对任何形象都能应付自如了。绘画，基本功是最重要的，你不要浅尝辄止，要耐心地画下去啊！"达·芬奇点头称是，于是更加刻苦认真地画起来。这生动的一课，不仅为达·芬奇的绘画艺术打下了基础，而且对他以后钻研多方面学问都很有启迪。达·芬奇在此整整苦学10年，不但在艺术方面得到了良好的学习和训练，而且还结识了一批艺术家和学者，阅读了很多书籍，在许多领域都打下了知识基础。

后来，达·芬奇在总结童年学画的经验时，他告诉下一代艺术爱好者们说："……你们天生爱画，所以我对你们说，你们若想学得物体形态的知识，须由细节入手。第一阶段尚未记牢，尚未练习纯熟，切勿进入第二阶段；否则就虚耗光阴，徒然延长了学习年限。切记，艺术得勤奋，勿贪图捷径。"

无论掌握哪一门知识对智力都是有用的，它会把无用的东西抛开，而把好的东西保留住。一定要告诫孩子，趁年轻少壮去努力探求知识，它将为孩子的未来有所成就奠定良好的基础。

二、要让孩子掌握最基本的
学习技能

　　学习是获得知识的重要途径。只有不断学习，知识才会更加丰富，思维才会更加敏捷，我们才能不断进步。许多教育学家指出："现代社会的发展对'学会学习'提出了越来越高的要求。未来的文盲不再是不识字的人，而是没有学会怎样学习的人。"这绝不是危言耸听。对于现代的年轻人来说，"学会学习"意味着把握四项最基本的学习技能：读、说、写、作。

1．学会读书

　　中国人一向很重视读书。读书多少为宜？不同人的看法却不尽相同。杜甫说："读书破万卷，下笔如有神。"可赵普却说："半部《论语》打天下，半部《论语》治天下。"显然，这些说法都是有些夸张。实际上，读书的数量以适当为界，以人的读书能力为限。最重要的一个原则就是：读书宜多不宜滥。

　　读书除去把握读书的数量外，还应该把握读书的技能。对于现代年轻人来说，在读书的过程中，要坚持如下三个基本原则。

（1）读与思的结合。

　　读书唯有经过思考、观察和实践，才能"读到糊涂是明白"。对于思考与读书的关系，古人议论很多。张载说："万物皆有理，若不知穷理，如梦过一生。"朱熹说："后生学问强记不足畏，唯思索寻究者为少畏耳。"鲁迅先生也说："倘只看书，便变成书橱，即使自己觉得有趣，而那趣味其实是已在逐渐硬化，逐渐死去了。"因此，为防止读书硬化，甚至逐渐死去，第一要则就是思索。

（2）读与问的结合。

提问是解决问题的一半。凡有创意者，无不从发问始，创造者，必然精慎细密，却又眼光锐利，他能够看出问题，于是发而问之，无论什么权威，不明的就要问，问不倒的权威才是真权威，问清楚的答案才是真理解。

（3）读与做的结合。

读书应与实干相结合。读而不做，时间长了，就会有点呆头呆脑，自己看别人不明白，别人看你也有点奇怪。现代的人才个体，不但要有知识、有文化，而且要有技术、有实际工作能力。如此这般，才能学海无涯，书山有路，将古往今来的优秀书籍化为人生丰富的营养。

2．学会语言

我们知道，就一个国家的文化水平和文化结构来说，语言是一个非常重要的方面，而社会成员的表达能力如何，又是社会文化进步程度的一个重要标志。对于年轻人来说，学会语言就是要学会和掌握口头表达能力的三要素：立论正确，言之成理；感情真挚，以情动人；讲究技巧。技巧很难一言而尽，从最低的标准讲大致包括：语言完整，晓畅明达，逻辑清楚，首尾相顾，结构合理，节奏适宜，手势得当，声音清楚。此外，还要能够进行即兴发挥以及可以比较顺利地回答问题。

3．学会写作

写作能力自古就非常受人重视。古人称"文章能事"。我国的学校教育，从小学到大学都设有写作课，就可见其重要。那么，如何学会写作呢？有学者将其概括为如下几个方面。

（1）勤写。

懒于动笔，是最要不得的事。要想使自己提高写作能力就要多写多练，这是不言而喻的。

（2）要有较高的标准。

散散漫漫是学不好写作的。目标既不高，要求也不严，错别字也不在乎，文法不通也不重视，结构不好也无所谓，这样写出来的文章是不会有水平的，自己的写作能力也得不到应有的锻炼。

（3）多读名著，精研范文。

好文章不多读，脑子里没有相当多的词汇，写起文章来就会语言贫乏，辞藻生涩。而且好文章有一种口不能言的好处，只有烂熟于胸，才能充分体味其绝妙，日后提起笔来，那种写作的神韵也会油然而生。

（4）善于改写文章。

有人说，文章是改出来的，古人把它概括为"语不惊人死不休"。现在看来，这仍然是锤炼文字的座右铭。

4．学会操作

操作技能，指的是对高科技产品的实际操作和对现代科技知识实际应用的能力。这种能力对现代社会生活影响日益显著。对现代青少年来说，掌握一定的操作技能是十分必要的。

（1）学会计算机。

计算机与我们的日常生活已须臾不可分离，已成为完成日常工作的一个重要组成部分。不会计算机，将很难在现代社会中立住脚。

（2）学会掌握资料。

掌握资料，就能掌握社会的最新发展动态，这对于寻找成才机会将是十分重要的。资料的整理和积累是一门学问。资料本身是客观的，但掌握哪些资料，利用哪些资料，如何整理和编排资料，却体现了一个人对自己专业方向的把握，对掌握有用信息的灵敏以及对资料的综合运用能力。

（3）学会调查研究。

在现代社会中，无论是决策还是管理，无论是制订计划，还是处理各类问题，都需要了解情况。了解情况就是调查。因此，调查研究是青少年制订学习、生活计划不可缺少的基本功。

三、激发孩子浓厚的学习兴趣

"兴趣是学习和求知最大的动力。"这句古老的谚语今天和以后都不会过时，它所包含的是人类知识获取的一个古老而充满智慧的法则。同样，"诱导是教育和培养孩子的最好的方法。"这句话今天和以后也不会过时。

几乎所有的孩子都对小动物有浓厚的兴趣。一只蚂蚁、一只小鸟、一群蜜蜂或者是一条小鱼，会吸引孩子很长时间的注意力。要他们花20分钟去背诵一段名篇或一首小诗，常常是非常困难的；但他们会在没有任何督促和要求的情况下，花上一个下午去观察一群蚂蚁的活动。这就是兴趣的力量。

对于同样的学习，为什么有的同学能乐此不疲、全神贯注，有的则感到令人讨厌、苦不堪言、心不在焉呢？就是由于有强弱不同的学习欲望和兴趣造成的。

学生时代是学习的大好时机，也应是要求学习的欲望最强烈的时期。可是，现实中为什么有很多"讨厌学习"、"不愿学习"的学生呢？据调查与分析，大体上是由于下列原因造成的。

一是基础差，自卑感强。有的学生一度很用功，但学习上不好（多数归因于基础差和缺乏方法），就认为自己天资差，脑子笨，再努力也白搭，于是对学习无信心、无兴趣。

二是没有科学的学习方法，只是凭感觉、按习惯用功，效果自然不理想。于是认为学习是很费劲的事。

三是教师讲课缺乏吸引力，不生动，枯燥乏味，作业布置不适当等，从而使孩子认为学习是件枯燥无味的事。

四是对学习的逆反心理。有的孩子由于经常在学习上受到低评价，得不到老师的重视，加上心理素质较差，对学习逐渐产生紧张、焦虑、不安、麻木、恐惧以至反感，产生了逆反心理，经常赌气中断学习，一提学习就倒胃口。

学习真的是那么可怕、讨厌吗？恰恰相反，学习本是一件能给孩子带来无穷快乐和无比幸福的事。只要你掌握了科学的学习方法，就会发现原来学习并不是那么可怕的，你付出一点点，它能给你许多许多。你的学习欲望、学习效果就会由此形成良性循环。

家长要让每一个孩子都确立这样一个信念：眼前的学习机会失而不返，务须珍惜；学习完全是自己的事，"我要学"才能使你体会到无穷的快乐，"要我学"则只会徒增烦恼。

为了激发孩子的学习兴趣，具体可参考如下建议。

1. 激发孩子的求知欲

孔子早在 2000 多年前就说过："知之者不好知者。"陶行知先生也说过："学生有了兴趣，肯用全副精神去做事，学与乐不可分。"只要你对学习产生兴趣，就能提高学习的效率。

2. 增强孩子的自我有效感

要激发孩子的学习动机，就是要增强他的自我有效感，要让他觉得自己有能力完成学习任务，认为自己的能力可以提高。最重要的是孩子对自己能力的信念，能力信念会直接影响人的行为。因此，要让孩子在学习过程中看到自己的成功，并让自己在各种不同的学习中有可能获得这种机会，从而体验和认识自己的能力。同时，要让孩子在自身的进步中体验成功的喜悦，确立自我参照标准，从自身变化中认识自己的能力。

3. 对孩子进行必要的归因训练

要让孩子学会正确的归因方式，也就是把每一次取得良好的成绩归结为自己的努力，而不要归结为运气，当然，如果孩子的学习能力强，也可以做能力归因；当每一次取得不好成绩时，尽量要认真分析自己的原因所在，而不要找客观原因。如果长期寻找外部原因，会养成自欺欺人的习惯，对自己的学习不太有利；如果是归因于自己的努力不够，他就会暗下决心，争取下次一定能考好；即使再次没考好，也不要归因于自己的能力不足，而要在学习方法和学习策略上下功夫。长期这样，他的学习就会不断取得进步。同时，形成这样正确的归因方式，对孩子未来的成功也具有很重要的意义。

4. 创设有利于学习的氛围、环境

这种氛围和环境包括：学习环境、家庭环境和社会环境。良好的学习氛围和学习环境是激发孩子学习动机，促进孩子成才的外部条件。使孩子置身于良好的环境中，促使他形成好的思想品德，这将对他的学习和发展有利。

学校的环境主要靠孩子自己去创设，要提醒他尽量和爱学习的同学在一起，不要管人家的成绩怎么样，只要喜欢学习，就会受他的影响。

四、帮助孩子养成良好的读书习惯

高尔基说："读书有时会使人突然明白生活的意义，使他找到自己在生活中的位置。"梁实秋说："读好书是充实知识的方法，也是调剂心情的良方。以一般人而言，最简便的修养方法是读书。"古人说："开卷有益。"这些话都是强调读书的重要，鼓励人们努力读书。　阅读是一切学习的基础。在学习的过程中，如果能养成阅读的习惯，语文领域的学习可以得心应手，其他领域知识的学习也已经成功了一半。因为我们可以通过阅读获得知识外，并可提高学习兴趣，还有助于开发我们的多元智能。

爱读书的习惯对一个人的发展的影响是毋庸赘言的。为了帮助孩子养成良好的读书习惯，可参考有关专家的如下建议：

1. 培养孩子的读书兴趣，越早开始效果越好

有些父母认为，婴幼儿的理解能力低，给他们念书似乎是浪费时间。其实不然，当婴幼儿瞪着眼睛听你念书的时候，他们的语言和理解能力正在悄悄地发展着。美国伊诺斯大学的研究者德·多金教授对205名具有较强阅读理解能力的儿童进行了调查研究，结果表明，这些儿童都在学龄前就已经具备相对独立的阅读能力，他们的共同之处是，从很小的时候起，父母就使他们养成了爱读书的习惯。

具体什么时候读书，这倒无关紧要，重要的是每天最好坚持在同一时间读书，而且至少要保证15分钟。

2. 坚持为孩子念故事书

很多父母在孩子能够自行阅读后，就不再和孩子共读了。事实上，虽然孩子已经能自己读一些简单的书了，但父母还是应该继续读书给孩子听，特别是在孩子睡觉之前。在念书给孩子听的时候，父母可以多加入一些声音的抑扬顿挫和表情，这样除了可以让阅读变得更有趣之外，也可以帮助孩子了解标点符号的意义，句子的结构以及故事的高潮迭起。

3. 鼓励孩子读书给父母听

父母可以跟孩子以轮读的方式来阅读，也就是父母念一段或一整页，接着让孩子来读一段或一页。

对于大一点的孩子，也可以是父母先念一本比较困难的书给孩子听。再让孩子读他最喜欢、最熟悉的那本书给父母听。别忘了事后给孩子掌声和赞美，当孩子在学习一项新技巧时，最需要的是父母的回馈和鼓励。

4. 与孩子讨论书的内容

亲子共读时，通过讨论可以让阅读更加生动，例如，在开始读一本书之前，可以先问孩子："你觉得这本书在讲什么呢？"在阅读的过程当中，也可以问他："你猜接下来会怎么样呢？""你觉得小主角应该怎么做呢？"只是，与孩子的讨论应该是很自由的，不需要事先设定好问题，也没有一定的答案。这样做只是要

帮助孩子更能理解故事内容，也给孩子机会练习表达自己的想法。

5. 设定家庭的阅读时间

每周挑选出一段固定的时间，是家庭成员共同的阅读时间，例如，吃完晚饭后的 30 分钟，大家选择自己喜欢的书，各自安静地阅读，事后也可以安排一个小小的分享（分享快乐、分享经验、分享心情），轮流说说自己的读书心得。确定家庭阅读时间的目的，除了养成孩子固定的阅读习惯，也让父母有一段清闲的时间，可以读自己的书。

6. 让图书随时随处可读

研究表明，在充满书籍的环境中生长，儿童的读书兴趣和阅读能力会提前发展。在孩子很小的时候，就应该在他的房间中放置大量图书，如童话故事、儿童画报，等等。也可以为孩子建立一个家庭小图书馆，它应当包括各类儿童读物以及必要的工具书，等等。要注意培养孩子爱护书籍、看完书后放回原处的良好习惯。

7. 帮助孩子选择好书

教育学家认为，儿童需要那些与他们的年龄、兴趣及能力相适宜的图书，也喜欢图书题材丰富多彩。专家建议，可以让儿童多接触不同方面的读物，如报纸、杂志乃至街头标语广告、商品包装等。通过这些文字读物，他们会懂得语言文字在我们生活中的每一方面都是非常重要的。

小一些的孩子常常喜欢反复地听同一个故事，很多父母常常对此显得不耐烦——这样可不好。重复性的阅读，可以进一步巩固和增加儿童的词汇量，加强对故事的深入理解，掌握有关的表达方法。

在选择图书方面，有关专家有这样的建议：

3 岁以前的婴幼儿喜欢一些简单的图片或者讲述他们熟悉的事物方面的故事，形体和色彩对儿童具有强烈的吸引力。

3 岁至 6 岁的学龄前儿童喜欢配有彩色图画的小故事、科幻故事、诗歌以及关于动物或日常生活方面的童话，那些短小、生动、易背诵的叠句对他们来说，特别有用。

6岁至9岁的儿童对于书籍开始有自己的兴趣和偏好，尽量让他们自己去选择。当然，父母的引导也是很重要的。

9岁以上的儿童，喜欢一些幽默小品、民间故事、长诗、古典名著简写本以及侦探故事等。

8. 鼓励孩子多用文字表达

研究发现，读与写的能力是相辅相成的，也就是说，阅读与写作的能力是互相增长的，因此，父母可以通过一些日常的活动来促进孩子的读写能力，例如，用简单的词汇小纸条给孩子，并鼓励孩子也用文字来响应；也可以鼓励孩子自己写故事，或把孩子讲的笑话写下来，这些都是促进读写能力的好方法。

五、让孩子学会积累知识和材料

俗话说："知识在于积累。"我们古人是很懂得这个成才之道的。荀子在《劝学篇》中先用积土积水来比喻："积土成山，风雨兴焉；积水成渊，蛟龙生焉。"他还强调，"不积跬步，无以至千里；不积小流，无以成江海。"日积月累，锲而不舍，就能成为高如大山、深如江海那样具有丰富知识的人。

要成为人才，就要掌握足够丰富的知识。可是，那许许多多的知识，不可能一朝一夕就可以装到一个人的头脑里，变成自己的东西，这就充分体现了在日常生活中知识积累的重要性。知识在于积累，积累是求知之道。路要一步一步地走，知识要一点一滴地积累，积学如储宝，积少便成多。

青少年正在求学阶段，自然主要是学习所开设的各门功课。积累资料不必花很多时间，也基本上应当围绕基础知识的学习来考虑这一问题。比方说，可积累点带有指导性的学习资料。这是一种基本理论的指导，如关于如何读书的论述，关于各门学科的学习指南，关于一些基本教育理论的阐述等；另一类是直接的参考资料，如各门功课的参考材料、习题解难、作文指导、学习经验介绍等；还有一类是"因人而异"的"各取所需"的专题材料，也就是根据自己的专长爱好，有选择地积累有关书籍、报刊资料等。

在日常生活中，可以引导孩子参考以下几种方法积累知识材料：

1. 存书籍

在力所能及的条件下，可以让孩子购买一些有关专著和必要的工具书、资料性书籍。阅读时可随时加眉批旁注或把问题、页码标在书签上，夹进书里。

2. 做剪贴

个人报纸杂志，可随时把自己需要的文章剪贴起来，定期归类整理。

3. 写札记

用卡片、活页纸或笔记本都可以。俗话说："最浅的墨水也胜过最好的记性。"手勤可享用长久。这是积累资料的主要方法之一。可从文章内容出发，写心得体会；可写概括内容的摘要；可选择文章的精粹之处，抄录下来；可作评点批注。不论采取何种方式，都须注明书名、题目、出处、日期、页码和作者名字等，以备来日查阅。到一定时候，再把卡片分门别类，装成专册。

4. 编索引

一个办法是定期借阅国内出版的各种资料索引书，从中摘取所需要的文章的题目；另一个办法是随时随地把见到的文章、书籍名记录下来，而后按专题分类整理，研究问题时即依索引寻找。

5. 记日记

日记，就是把自己每天所做的事情以及所见所闻，或对这些事情的感受，逐日真实地记录下来。记日记可以帮助人们记忆，积累素材，培养思维能力，练习和提高文字水平。

要鼓励孩子，把每日所见所闻所想所感简单记录下来。在每条日记旁按"类别"评注几个字，待以后查考。这些工作看来似乎琐碎、细小、平凡，但坚持长久，却获益匪浅，甚至可受用一辈子。经验证明，长期积累资料能显著地增强学习能力，有助于改进学习方法，有利于丰富知识、开启智慧。

六、教孩子拓宽学习的途径和
提高自己

"条条大路通罗马。"学习知识要善于开辟学习途径。每一门知识，都可以通过不同的途径去掌握它。一切知识渊博的人，都非常重视利用各种途径丰富自己的知识。聪明者善于去挖掘各种不同的学习途径，愚蠢者即使有多种途径摆在自己面前也视而不见。有些年轻人，只信服老师讲课，而轻视其他方面的学习途径；有些高中生，则认为进大学是唯一的学习途径，一旦不能考上理想的大学就自暴自弃。这种倾向是不对的。家长一定要提醒孩子，大千世界无比广阔，学习途径千条万条，知识大门永远是向善学者敞开的。比如，年轻人可以通过诸如如下一些途径去学习和提高自己：

1. 参加学习班听课

参加学习班（包括入校学习）是学习的主要途径之一，在当今时代，绝大部分成功者都是经历了这条途径才攀上知识高峰的。参加学习班的好处是，有利于学习者全面地、系统地掌握某门学科的知识。这是因为讲课的名师一般都受过正规训练，他们比较熟悉本学科的基本原理和基本知识，熟悉本学科当前的发展动态，因而能够在较短的时间内，帮助学习者掌握该学科的基本轮廓、基本原理和重点、难点，使艰深的内容一目了然，并在一些重要问题上起到"画龙点睛"的作用。这比学习者自己去摸索知识要少走许多弯路。所以，参加学习班能保证知识学习的系统性和科学性。

需要注意的是，听课时要注意针对性。老师讲课是根据课本和全体学生普遍存在的问题讲解的。每一个学习者，由于知识和智力水平的差异，对名师讲课的理解程度就会不同，应根据自己的具体情况，因人而异听课。这样，我们可以主动地把"老师讲、学生听"的满堂灌的局面，变为老师根据学生普遍存在的重点、难点讲课；而学生则根据自己特殊的重点和难点听课，使听课的注意力更有针对性。这个针对性包括解决自己在预习中提出的问题，看看自己的思路和老师的思路区别在哪里，自己的思维方法和老师的思维方法区别在哪里，以取老师之长，补自己之短。

2. 广泛进行阅读

阅读是学习知识的一个重要途径。一般来说，听课途径主要被用在人生某一阶段，即求学阶段中；而伴随人一辈子的学习途径，正是以阅读途径为主。学习者在阅读途径上探索知识的时间，比听课途径更长久、更艰难。在当今"知识爆炸"时代，从听课途径学来的知识，即求学阶段学来的知识，仅仅是为专业入门打了一个基础。出学校门后，这些知识很快就会老化，尤其是理工科知识，有些不出几年，就老化得不再用了。大量的新知识，必须依靠阅读途径去获得。如果说，我们在听课途径中培养了基本的思维能力、分析能力和解决问题的能力，那么，阅读途径则更能培养人的自学能力和发明创造能力。事业上取得重大成就的人，他们一生中都是孜孜不倦地阅读。阅读途径是获取知识最多的途径。

3. 求师途径

古人说："古之学者必有师。"又说，"名师出高徒。"求师途径是最适合自学者加速学习步伐的途径。

著名科学家麦克斯韦在 15 岁时，读书无系统，求学不讲迅速渐进。杰出的数学家霍普金斯发现了他的弱点，语重心长地说："如果没有秩序，你永远成不了优秀的数学物理家。"经霍普金斯教授的指点，麦克斯韦很快改进了学习方法，不到三年，他就成了青年数学家。求师途径是听课途径和阅读途径所不能代替的。天下学人各有学术高见，各有一套严谨的治学方法，这都是书本上读不到的，是集体授课制的课堂上听不到的，而只有拜他们为师，和他们具体接触才能亲身感受到。

4．交谈途径

"三人行必有我师。"要利用好交谈途径来学习，就要敢于"不耻下问"、"乐于旁问"。后汉的荀淑，是当时一个有名的学者。一次，他在旅途中遇到了黄宪，当时的黄宪只有 14 岁，既无名望又无地位，但荀淑从他的谈吐中感到他很有学问，于是就毕恭毕敬地向他请教，谈了整整一天还舍不得离开。荀淑恳切地对黄宪说："你是我的老师。"

古人说："处处留心皆学问。"多和周围的人交流，善于向不同的人学习。能够开阔我们的视野，增长很多间接知识。

5．电教途径

使用记录、储存、传输和调节教育信息的电气声光教育技术媒体进行的教育，就叫电化教育。尤其在网络化的今天，电化教育是提高学习效率的一条重要途径。电教手段对于丰富教学内容，开阔学生眼界，引起他们对学习科学、探索自然奥秘的兴趣，增进思考力、想象力和创造力，是很有好处的。

6．实践途径

邓拓说过："从做学问这件事情本身来说，无论是初步追求某一项新的知识，或者是进一步探究事物的本质和发展规律，都必须通过实践、认识、再实践、再认识的过程。"实践途径是学习者到一定的阶段必须经历的途径，没有经历这条途径的学习者，不会成为有用之才。例如，要想成为一名新闻工作者，需要掌握的知识无非是两大类：一类是书本知识，即"有字之书"，一类是实践知识，即"无字之书"。只有把两者紧密结合起来，实践、认识、再实践、再认识，才能不断掌握真知，创造新知，获得成就。而在"象牙塔"里是培养不出新闻工作者来的。

现代的青少年必须重视各种形式的实践途径，在实践中拓展知识面，在实践中提高学习能力。

七、让孩子养成自学的习惯，主动去学

"自行学习、自我教育，自己管理自己"，这是现代人汲取知识的重要渠道，也是终身教育的重要形式。自学的方式自由度较大，能更好地将书本知识和社会实践结合起来，能更有效地开发自身的潜能，并将学到的知识和能力转化为实践。然而，自学是要依靠自己的。因为没有人监督和考核，很容易流于放任。而一旦养成了自学习惯，那就截然不同了：它会形成一种无形的力量，时时刻刻都在鞭策着我们，使我们自然而然地要去自学。

自学习惯的培养如逆水行舟，不进则退。自学习惯的培养如播种，仅仅有了一个良好的开端，还不能保证有收获，还必须辛勤地耕耘，才能得到预期的效果。

那么，应该怎样培养孩子良好的自学习惯呢？

1. 让孩子树立正确的自学目的

正确的自学目的和良好的自学习惯有密切的联系。自学目的导致产生自学欲望和成才欲望。这些欲望的逐渐满足过程，便是自学习惯逐渐形成的过程。

要让孩子认识到，通过积极有效的自学，可以充实自己的生活，增长自己的知识，提高自己的内涵，强化就业的资本，还能培养自己自主的学习能力。有了这样的认识，自学起来就会干劲十足，取得良好的效果。

2. 讲究科学规律和方法

自学习惯的培养，要讲究科学规律和方法。据一项对全国近百名自学成才典型的调查，大多数人都是在年轻时就初步养成了自学习惯，而且自学起步年龄越早，越有利于习惯的养成。因此，我们要让孩子趁青春年少，尽快地培养起自学习惯。

生理学、心理学的知识告诉我们，一个人的智力、体力和情绪都有周期起伏的规律。因此，要提醒孩子在自学过程中，不能把弦绷得太紧，不留余地；否则就会受到杂乱无章、力不从心、低效率的惩罚。

自学活动可以分为主动学习和被动学习两种。主动学习，是高层次的自学活动。在高层次的自学活动尚未形成之前，应该辅以强制的、被动的学习。必须进行严格的自我控制。

较好的强制法是"约法三章"，给自己制定几条具体的带有惩罚性的规定，以此来制约自己的惰性，迫使自己不敢有丝毫的懈怠。

3. 积极寻求别人的帮助

自学习惯和环境的关系实在是太密切了。许多自学成才的典型人物，在这方面都有不少值得借鉴的经验。他们总是积极寻求周围人的谅解和支持，积极主动地要求得到外界的督促和鼓励。

找几个有共同爱好的，水平也相仿的自学伙伴一起来自学，组成"自学圈"，无形中就给自己施加了一点压力，会起到牵制、督促、鼓励作用。建立"自学圈"的关键，在于择友，应选择合适的人组成"自学圈"。

4. 注重效果

为了培养良好的自学习惯，要提醒孩子重视自我考核：看看哪些自学习惯已培养起来？培养到什么程度？还有哪些尚未培养起来？原因是什么？应认真分析。此外，还应考核这些自学习惯对自学活动的促进作用和自学效果。如果家长能够经常考考孩子则效果会更好。

最后，还要提醒孩子，不可轻视调节的意义。许多自学的人体会到，错用方法比不用方法对自学造成的损失更大。因此，要随时调整自学活动中不利于培养自学习惯的标准、计划、内容和措施。这对树立自学信心和巩固自学习惯是很有利的。

八、培养孩子高尚的、有利于身心健康的兴趣

兴趣与成才紧密相关，在孩子的成长过程中，努力培养他们高尚的、有利于身心健康的兴趣，对于他们以后的成才有着重要的作用。因此，我们在日常生活中，也不妨对孩子的兴趣进行培养。

1. 要培养高尚的兴趣倾向

凡是有利于身心健康和社会的发展进步的事物，都可以培养孩子对它们的兴趣。这样，孩子在老师和家长的教育和鼓励下，可能很快对自己接触到的事物产生兴趣，从而变被动为主动，积极地去寻求关于这一方面的知识。

2. 爱好不等于兴趣

不少家长把"兴趣"和"爱好"两个概念等同起来，发现孩子爱好某一事物时，就认为他对其产生了兴趣。其实，这两个概念有区别，家长只有认识到这一

点，把它们区分开来，才能有效地对孩子的兴趣加以引导和培养。

在这两个概念中，"爱好"的范围很广，所含感性因素偏多，而兴趣是人们对某一事物高层次的需求。就比如有些学生喜欢看电视，这只能说他爱好看电视，而非兴趣。所以，家长培养孩子的兴趣要多样化，但不能太滥，要让孩子专心致志地集中到一两门主要兴趣上，而把其他的兴趣作为一般爱好就行。

3. 创设环境，培养兴趣

家长要尊重儿童的自然发展规律，为儿童的充分发展提供条件，儿童的潜能如同种子，只要有适宜的外部条件，它就会生根、发芽、长大。环境是孩子萌发兴趣的基地，因而家长要多制造机会，创设环境让孩子接触，培养他们的兴趣。说不定在给孩子一支蜡笔、一架琴的瞬间就造就了一位艺术家的好苗子呢!

此外，扩展视野对发现兴趣很重要。孩子如果没有机会接触世界上各种奇妙的事物，他们很难对外界发生兴趣，父母也就很难找出孩子的兴趣所在。因此，父母应该创造机会扩展孩子的视野。比如，当发现孩子遇上了一些令他双眼发光的事物时，这种兴趣就值得培养，父母应该鼓励他们去探索。

4. 开发潜能，培养所长

每一个正常人都具备多种潜能，只是发展的程度和组合的情况不同；如果在早期能发现其潜能的长处与不足，并适度地发展或弥补其能力，就能帮助他发展个人潜能，激发兴趣，培养能力。因而，早期教育非常重要，开发潜能、培养兴趣多是在幼儿时代。家长应注重引导，孩子是自己塑造自己的，要让儿童自己开发自己的潜能，体现他们的主体地位和家长的主导作用，侧重培养孩子的真正兴趣爱好。

有的小学生可能兴趣十分广泛，集邮、电脑、弹琴、练武术、打乒乓。家长要注意引导孩子时间有限，参加的活动过多，会分散自己的精力。一个人要在广泛的兴趣基础上有一个中心兴趣，在这方面投入更多的精力，获得更系统、更深入的知识。这样，就可以避免顾此失彼，一事无成。也应避免兴趣不稳定，变来变去，总是没长性，也会白白耽误宝贵的时间。

5. 要建立合理的兴趣结构

既要培养孩子广泛的兴趣爱好，又要有集中的兴趣点。广泛的兴趣可以开拓思路，扩展知识面，丰富生活，扩大视野；而中心的兴趣和爱好，可以使人在一定时期内很大程度上集中精力于某一事物，从而也更容易出成果。在兴趣结构问题上，我们强调既要广博，又要有所偏重，博中有精。这两方面可以说是互相影响、互相促进的，任何一个方面的进步和发展，都会推动和促进另一方面的进步。

6. 要特别注意兴趣的持久性和稳定性

因为如果只是凭着小孩子的单纯的好奇心理去观察一件事物，随着见识的增多，而见多不怪，这也很难出什么结果。只有对事对物保持长久的兴趣，才能对其进行认真的、深入的研究，从而有所发现、有所创新，做出一番成绩。

家长一定要注意保持孩子兴趣的稳定性。如果对于任何事情都是三分钟热度，今天喜欢跳舞，于是四处翻资料，拜名师，甚至夜不成寐，勤学苦练；可是明天又觉着有人背着画夹到处"写生"很不错，于是把跳舞的事丢到了一边，赶紧买纸买笔，四处学画，没过几天，便兴趣索然，沮丧而归；之后，又对文学产生了莫名的崇拜，一头扎进书海里……这样一阵东，一阵西，整天忙忙碌碌，连自己也闹不清楚自己到底喜欢什么，这样的兴趣和爱好从何发展？就更不用说成才了。

当然，我们说兴趣和爱好要有持久性和稳定性，并不等于说，一个人一旦确立了对某一事物的兴趣，便再也不能转移他的方向，即使自己觉得无味、没趣，也要硬着头皮走下去。这样，也是同样不利于人才的成长的。我们说的兴趣的稳定性和持久性，是指人要根据自己的条件来确定自己的兴趣和方向，但是，随着你对自己所从事的事情的研究不断加深和了解，你也可能发现自己当初就是错的，实际上自己的选择并不真正地适合自己。在这种时候，我们还是要当机立断，及时地中止自己的错误选择，而去重新考虑自己的兴趣、爱好，重新考虑自身的条件，从而以求从别的方面来发展自己。

7. 对孩子期望值不要太高

很多家长对孩子的期望很高，认为培养孩子的目的就是为了成名成家。家长应该走出这样的误区，从培养孩子的底蕴出发，去培养兴趣。比如，音乐应是以音乐为手段，培养其心灵的美感，对音乐的兴趣，欣赏的能力，陶冶其情感，激发智力和创造性，以发挥音乐活动对儿童身心两方面发展的特殊功能。

九、积极培养孩子的现代意识

在当今五彩缤纷、变化万千的社会中，如何让孩子更好地适应社会、融入社会、找到一席属于自己的天地呢？孩子作为现代人，在通向成功道路上有一门必修课，那就是培养孩子的现代意识。所谓现代意识，就是指能够适应并促进现代社会发展的社会思想、知识修养、伦理道德和文化心理素质的总和。那么，应该如何培养孩子的现代意识呢？

1. 培养孩子的自立意识

自强自立是中华民族生生不息的精神源泉，历来中国人都非常强调和崇尚自强自立的精神。自立是指只靠自己的能力行动和生活。不论碰到什么问题，要自己动脑筋思考，要用自己的力量去克服困难；自强是依靠自己的努力，立足于社会。自强自立是现代社会人所必备的素质，不能自强自立的人，必然被激烈竞争的社会所淘汰。

自立意识是孩子作为现代人所必备的基础与素质，是健全人格的重要构成。孩子只有学会独立地生活、独立地做人、独立地处事，才能够立足于社会并发挥其潜能，才可能在世界的大舞台上演绎出精彩的生活。在生活中，一定要有意识地让孩子做力所能及的事情，懂得更多的生活常识，并学会自我保护等。

2. 培养孩子的自信意识

自信心是比金钱、势力、家世、亲友更有用的条件。它是人生可靠的资本，能使人努力克服困难，排除障碍，去争取胜利。对于事业的成功，它比什么东西都更有效。当我们相信自己能做出最好的成绩时，我们不仅会发现自信的增加，而且会发现自信会有助于我们的表现。

每一个人都应对自己充满信心，相信自己的力量，相信别人能做到的事情自己也能做到。家长要放手，支持孩子去做他自己喜欢做的事情，让孩子在做事中培养兴趣，坚定信心。让孩子从成功中体会自己有力量、有本领，尝试成功后的喜悦，不断增强自信意识。

3. 培养孩子的创新意识

一个人要立足于世，投入竞争，仅仅有"黄金储备"——知识实力是远远不够的，学会并拥有"点金术"——创新实力，才是高明的。

创新意识体现为具有改革拓展的愿望，以丰富的想象力为特点，还要有主动积极的动手能力，爱钻研、爱探索。让孩子无论在生活中，还是学习中，都努力做一个"有心人"，善于观察，善于发现，不断发挥自己的潜能。相信以这样的眼光审视的世界，一定充满了生气与活力。

4. 培养孩子独立思考的意识

古希腊哲学家赫拉克利特说过："博学并不能使人智慧。"只有在学习和生活中善于独立思考，才能开出智慧的奇葩。养成独立思考的良好习惯，是发现新的知识，充分发挥创造性，通向成功之路不可缺少的桥梁。

独立思考是孩子作为现代人所必备的素质。让孩子乐于提问、善于思考、爱动脑筋，有自己的主见和判断事物、分析问题的观点和方法，并主动探索、努力寻求最佳的解决方案。

5. 培养孩子的竞争意识

社会变革的加快，加速了知识更新的步伐。在现代社会，人们的才能和精力都受时间的制约。错过了时机，知识就会贬值，精力就会衰退。如果一个人不能在自己的黄金时代，抓住机会，大胆地、主动地贡献出自己的聪明才智，而总是"藏而不露"，那就会贻误时机。

敢于竞争是孩子作为现代人应当必备的激情。孩子应当有不服输的精神、不甘落后的气魄、敢于拼搏的勇气和面对现实积极进取、正当竞争的心态。相信急流勇进之后，孩子们会更加自信，生活会更加美好。

6. 培养孩子的团结协作意识

在强调培养孩子竞争意识的同时，并不意味着只要竞争不求合作。社会的进步，时代的发展呼唤人们团结协作的精神，"团结就是力量"永不过时、永不褪色，这是社会永恒的呼唤与要求。人与人之间相处要真诚以待，互帮互助，宽容而大度。只有这样，孩子才能处理好人际关系；而且在协作中，充分发挥各自的优势，在沟通与协商中将取得更大的成功！

7. 培养孩子的效率意识

效率，指单位时间内完成的工作量。现代社会，时间就是效率，速度就是效率，质量就是效率。为适应新世纪快节奏、高效率的生活模式，应当从小培养孩子的时间观念，做事情不拖拉、不磨蹭，认真并讲求质量的好习惯。不妨从吃饭、写作业等生活琐事开始做起，帮助孩子从小树立效率意识。

8. 培养孩子的责任意识

要让孩子了解他们每一个个体虽说是自主、独立的，但同时他们也是社会人，对父母、对亲人、对社会都承担着一份责任，不能处处只考虑自己，只懂得爱自己，而应该时刻有一种责任的意识牵引着，让孩子心中有一份牵挂。一份美丽的牵挂也是一种幸福。

9. 培养孩子的法制意识

现代社会是一个法制社会，一切行为都要依法行事。不仅让孩子从小就懂得遵纪守法，更要让孩子知道法律也是维权的重要工具，学会用法律来保护自己的合法权益不受到侵害。

10. 培养孩子的信息意识

知识就是财富，知识就是力量。对知识的把握、对信息的掌握将直接地影响着孩子的前途。所以，应当从小就培养孩子的信息意识，并使他们具备独立获取信息的能力，以及善于接受新事物、适应新环境的能力。

第三章
良好的道德品行也是一笔财富

一、真正的谦虚是最高的美德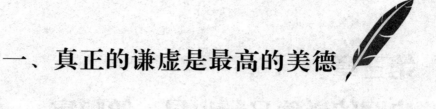

加里宁说："谦虚的人并不希望别人夸奖，尽管人们常常夸奖他。骄傲的人时时想叫别人夸奖，但除了在别人面前夸耀自己以外，再也没有第二个人夸奖他。"

爱因斯坦是 20 世纪世界上最伟大的科学家之一，他的相对论以及他在物理学界其他方面的研究成果，留给我们的是一笔取之不尽、用之不竭的财富。然而，就是他这样一个人，还是在有生之年中不断地学习、研究，活到老，学到老。

有人去问爱因斯坦，说："您老可谓是物理学界的空前绝后了，何必还要孜孜不倦地学习呢？何不舒舒服服地休息呢？"爱因斯坦并没有立即回答他这个问题，而是找来一支笔、一张纸，在纸上画上一个大圆和一个小圆，对那位年轻人说："在目前情况下，在物理学这个领域里可能是我比你懂得略多一些。正如你所知的是这个小圆，我所知的是这个大圆，然而整个物理学知识是无边无际的。对于小圆，它的周长小，即与未知领域的接触面小，他感受到自己未知的少；而大圆与外界接触的这一周长长，所以更感到自己未知的东西多，会更加努力地去探索。"

1929 年 3 月 14 日是爱因斯坦 50 岁生日。全世界的报纸都发表了关于爱因斯坦的文章。在柏林的爱因斯坦住所中，装满了好几篮子从全世界寄来的祝寿的信件。

然而，此时的爱因斯坦却不在自己的住所里，他在几天前就到郊外的一个花匠的农舍里躲了起来。

爱因斯坦 9 岁的儿子问他："爸爸，您为什么那样有名呢？"

爱因斯坦听了哈哈大笑，他对儿子说："你看，瞎甲虫在球面上爬行的时候，它并不知道它走的路是弯曲的。我呢，正相反，有幸觉察到了这一点。"

爱因斯坦就是这样一个谦虚的人，名声越大，他就越谦虚。

事实上也是如此，没有一个人能够有骄傲的资本，因为任何一个人，即使他在某一方面的造诣很深，也不能够说他已经彻底精通，彻底研究全了。"生命有限，知识无穷"，任何一门学问都是无穷无尽的海洋，都是无边无际的天空，所以，谁也不能够认为自己已经达到了最高境界而停步不前、趾高气扬。如果那样，则必将很快被同行赶上、很快被后人超过。

骄傲是一种不良的心理状态，孩子，尤其是聪明的孩子常容易产生骄傲自满的情绪，父母应该给予积极的引导，使其心理健康发展。在现实生活中，孩子往往由于学习成绩较好或者某方面有特长而经常受到家长和老师的表扬，这种太多的表扬常常会误导孩子，使他们不能正确认识自己，于是就会滋长骄傲情绪。他们会因此夸大自己的优点，看不到自己身上的问题，而把别人看得一无是处；他们听不进别人的善意批评，总是处于盲目的优越感之中，就会逐渐地放松对自己的要求，因此导致成绩下降，表现也就不再那么优秀了。对这样的孩子，家长应该及时予以纠正，让他们正确认识问题。

那么，怎样培养孩子谦虚的品质呢？

1. 让孩子认识骄傲的危害

盲目骄傲自大的人就像井底之蛙，视野狭窄，自以为是，严重阻碍了自己继续前进的步伐。科学家巴夫给青年人的一封信中这样写道："切勿让骄傲支配了你们。由于骄傲，你们会在应该统一的场合固执起来。由于骄傲，你们会拒绝有益的劝告和友好的帮助。而且由于骄傲，你们会失掉客观的标准。"

当然，我们要让孩子分清楚自信和骄傲的区别。

自信是一种积极的人生态度，它能使人乐观上进；而骄傲是对自己的不全面认识，是盲目乐观，常会让人不思进取。对于父母来说，应该培养孩子的自信心，但不能让他们滋长骄傲自满的情绪。形式上两者有很大的相似性，常会让人迷惑，孩子们常会把自己那点小得意看作是自信的表现，这时父母应该让孩子分辨出两者的区别。

　　家长应该让孩子认识到骄傲也是健康成长的绊脚石，任何成绩的取得只能是阶段性的、局部的，只能作为一个起点。在学习上，知识是无边的海洋，如果一时一事领先就忘乎所以，恰恰是知识不够、眼界不宽的表现。"满招损，谦受益"，家长应有意识地给孩子介绍一些成功者的经验，告诉他们古今中外凡是有所作为的人都是在取得成绩后仍能保持谦虚奋进的人。

2. 帮助孩子全面认识自己

　　孩子产生骄傲往往源于自己的某方面特长和优势，父母应该先分析这种骄傲的基础：是学习成绩比较好、有某方面的艺术潜质，还是有运动天赋什么的。然后应让孩子认识到，他身上的这种优势只不过限定在一个很小的范围内，放在一个更大范围就会失去这种优势；正确的态度应该是积极进取，而不是骄傲懈怠；并且优势往往是和不足并存的，同时应该努力弥补自己的不足。

　　父母要教育孩子，取得了一定的成绩，这确实是自己努力的结果，但是不要忘记这里也包含着家长的培养、老师的教诲和同学的帮助。

　　另外，不正确的比较往往也容易滋长骄傲情绪。在班集体中，若以己之长与别人之短相比较，这样比较的结果，自然容易沾沾自喜，自以为什么地方都比别人强，因而看不起别人。父母应该开阔孩子的胸怀，引导他们走出自我的狭小圈子。带他们到更广阔的地方走走，陶冶他们的情操；让他们了解更多的历史名人的成就和才能，以丰富的知识充实头脑，使之变骄傲为动力。

3. 让孩子正确面对批评建议

　　正确面对批评和建议是终身的学问。骄傲自满往往也和不能很好地处理别人的批评和建议有关。

　　小军已经小学五年级了，是个爱学习的男孩，由于学习成绩在班里一直名列前茅，因此非常自负。

　　在家里，小军已经认为自己是个大人了，对于父母说的话越来越不放在心上。在学校里，小军也非常清高，不太愿意与成绩不好的同学一起玩，觉得跟他们在一起没什么意思。对于任课老师，小军也不太尊敬，他认为老师的水平不过如此，自己自学都能够学到很多知识。唯一令小军比较敬重的是他的班主任侯老师。侯老师是一位快退休的语文老师，他对小军非常好，经常给小军介绍一些学习方法，讲一些名人的故事。

有一次，小军在一篇交给侯老师的周记中表现出自己看不起同学的思想，他还提到了一次与数学老师发生的争执，原因是数学老师批评小军做作业不够仔细。

侯老师后来在小军的本子上是这样写的：

"有人批评你，并不是他看不起你，而是他希望你进步。因为，他不批评你，你不会怨恨他，他批评你，你则会怨恨他，而他却选择了批评你，原因就是他希望你进步。侯老师也是这么希望的。"

小军深受触动，后来，他果然慢慢改正了自负的毛病。

批评往往直指一个人的缺点，如果一个人能够接受批评，他就能够比较清楚地看到自己的缺点。对于孩子来说，他在评论自己时常会出现偏差，原因是"不识庐山真面目，只缘身在此山中"，若能经常听取别人的意见或建议，就能不断充实和完善自己。

4. 不要轻易地表扬孩子

许多人都看过《卡尔·威特的教育》这本著名的书，这本书写于1818年，是世界上论述早期教育的最早文献之一。

威特在生下来时是一个智障儿，但他的父亲老威特运用一种与众不同的教育方法，使小威特8岁时，就已经掌握德语、法语、意大利语、拉丁语和希腊语六种语言，同时，小威特还通晓动物学、植物学、物理学、化学，尤其擅长数学。小威特在9岁时就考上哥廷根大学。当他未满14岁时，就被授予哲学博士学位。16岁时又获得法学博士学位，并被任命为柏林大学的法学教授。

对于这样一位才华出众的天才，父亲老威特非常注意培养孩子谦虚的习惯，他禁止任何人表扬他的儿子，生怕孩子滋长骄傲自满情绪，从而毁了他的一生。

在《卡尔·威特的教育》一书中，有这样一段文字：

有一次，哈雷的宗教事务委员赛思福博士对我说："你的儿子骄傲吧？"我说：

"不，我儿子一点也不骄傲。"这时他一口咬定说："这不可能，像这样的神童如果不骄傲，那你儿子就不是人。一定骄傲，骄傲这是很自然的。"

事后，我让他看看儿子。他们谈了很多话，一会儿他就完全了解我儿子了，并对我说："我实在佩服，你儿子一点儿也不骄傲。你是怎样教育他的呢？"我让儿子站起来，让他把我的教育方法讲给赛思福博士听。听后他服气了，说："的确，如果实行这样的教育，孩子就不可能骄傲，真是佩服。"

还有一次，有个地方的督学官到哥廷根的亲戚家串门。他在来哥廷根之前，就已经从报上和人们的传说中知道了我儿子的事。到了亲戚家后知道得就更详细了，因为他的亲戚与我们来往密切，非常了解我儿子的情况。他想考考我的儿子，为了得到这一机会，就拜托他的亲戚请我们父子去。

我接受了邀请，带着儿子去了。他向我提出要考考我儿子的要求。按照惯例，我也要求他答应我的条件，即"不管考得怎样，绝不要表扬我儿子"。据说他擅长数学，所以他提出主要想考考数学。我回答说："只要不表扬，考什么都没有关系。"商量妥当后，我就把特意打发出去的儿子叫进来，考试就开始了。他先从世故人情考起，然后进入学问领域。威特对每个问题的回答都使他感到十分满意。最后开始了他所擅长的数学考试。由于我儿子也擅长数学，所以越考越使他感到惊异。每一题我儿子都能用两种、三种解法去完成，也能按他的要求去解题。这样他就不由自主地赞扬威特了。我赶紧给他递眼色，他这才住了口。

由于他们二人都擅长数学，考着考着就进入了学问的深层，并最终走到督学官所不知的地方。这时，他不由自主地叫了起来："哎呀！真是超过了我的学者！"

我想这下坏了，立即给泼冷水："哪里，哪里，由于这半年儿子在学校里听数学课，所以还记得。"督学官还不死心，又对我儿子说："你再考虑这道题，这道题欧拉先生考虑了三天才好不容易做出来。如果你能做出来，那就更了不起了。"

听了这话我担心起来。我并不是怕儿子做不了那么难的题，而是担心如果儿子真的把那道题做了出来，而由此骄傲起来。但我又不好说"请不要做那道题了"。因为他不太了解我们，怕引起他的误会，以为我害怕儿子做不出那道题才这样说的。我只好故作镇静地看着。那道题是一个农夫想把一块地分给三个儿子。分法是要把地分成三等份，而且每个部分要整块地形相似。他把问题说明后，就问我儿子有没有听说过，或者是在书上看到过这个题，儿子说没有。他说："那么给你时间，你做做看。"说完就拉着我的手退到房间的里面，对我说："你儿子再聪明，那道题也很难做出来，我是为让你儿子知道世界上还有这样的难题才出的。"

可是，督学官的话音刚落，就听儿子喊道："做出来了。""不可能。"督学官说着就走了过去。儿子向他解释说："三个部分是相等的，而且各个部分都与整块地相似，对吗？"

这时督学官有些不高兴地说："你事先知道这道题吧。"儿子一听就感到很委屈，含着眼泪反复声明说："不知道，不知道。"

看到这种情形，我再也不能沉默了，担保说："因为儿子做的事，我全都清楚。这个问题的确是第一次遇到，更何况儿子是从不扯谎的。"这时督学官说："那么你的儿子胜过欧拉这个大数学家了。"我掐了一下他的手，立即说："瞎鸟有时也能捡到豆，这也是偶然的。"督学官这才领会到我的意图，点着头说："是的，是的。"然后就附耳小声对我说："哎呀！我真佩服你的教育法。这样的教育，不管你儿子有多大的学问也绝不会骄傲。"儿子也很快同其他人高兴地谈起别的事，这一切也使督学官十分喜欢。

老威特非常了解孩子的心理，自己的孩子实在太优秀了，太优秀的孩子往往经不起表扬，表扬过多往往会导致孩子骄傲自满心理的产生。因此，他在生活中有意识地避免表扬孩子。父母应该注意表扬孩子本身没有错，但是，千万不要一味表扬，而且，表扬孩子的时候要注重表扬孩子的某种行为，不要表扬孩子本身——这也是表扬的一个技巧。

二、宽容了别人，等于善待了自己

　　曾有人问过爱迪生，让他谈谈对小时候打聋他耳朵的那位列车员的看法。令人意外的是，爱迪生并没有大肆地辱骂那位列车员，他不以自己的声望去压倒列车员，而是幽默、机智地回答道："我感谢他，感谢他给我一个无人喧嚣的环境，使我能够专心致志地完成更多的试验、发明！"爱迪生不仅宽容地对待了这位列车员，而且从这次不幸中找到了发明创造的动力与源泉。

　　宽容了别人，等于善待了自己。宽容是成就事业的基石，化解矛盾的良药，利己利人的法宝。

　　有一次，孔子的得意门生颜回在街上看到一个买布的人和卖布的人在吵架，买布的大声说："三八二十三，你为什么收我二十四个钱？"

　　颜回上前劝架，说："是三八二十四，你算错了，别吵了。"

　　那人指着颜回的鼻子说："你算老几？我就听孔夫子的，咱们找他评理去！"

　　颜回问："如果你错了怎么办？"

　　那人回答："我把脑袋给你。如果你错了怎么办？"

　　颜回说："我就把帽子输给你。"

　　于是，两人一起去找孔子。孔子问明情况后，对颜回笑笑说："三八就是二十三嘛，颜回，你输了，把帽子给人家吧！"

　　颜回心想，老师一定是老糊涂了。虽然不情愿，颜回还是把帽子递给了那人，那人拿了帽子高兴地走了。

　　接着，孔子对颜回说："说你输了，只是输了一顶帽子；说他输了，那可是一条人命啊！你说是帽子重要还是人命重要？"颜回恍然大悟，扑通跪在孔子面前，恭敬地说："老师重大义而轻小是非，学生惭愧万分！"

孔子淡淡地说："躬自厚而薄责于人，则远怨矣。"

孔子的这种精神就是宽容他人的典型。事实上，这种宽容并不是每个人都能够做到的，明知是对方无理，或者是对方错了，却不争不斗反而认输，虽然自己吃点小亏，但使别人不受大损。这种宽容的精神是难能可贵的。

有一天，歌德到公园散步，迎面走来了一个曾经对他作品提出过尖锐批语的批评家，他站在歌德面前高声喊道："我从来不给傻子让路！"

歌德却答道："我正好相反！"歌德一边说，一边满脸笑容地让在一旁。

歌德以幽默和宽容的方式避免了一场无谓的争吵，也显示了他的大度和忍让。

宽容是一种美德，它像催化剂一样，能够化解矛盾，使人和睦相处。诸如"退一步天高地阔，让三分心平气和"、"大肚能容，容天容地，容天下难容之事；开口便笑，笑古笑今，笑古今可笑之人"这种不重表面形式的输赢，而重思想境界和做人水准的高低的行为是高尚的。正如有位哲人所说："宽容是需要智慧的。"宽容体现了一个人的素养与气度，表现了人的思想水平。善待他人的短处，可以使我们与他人和睦相处；宽容对待他人的长处，可以使我们不断进步。只有一个拥有智慧的人，才会学习在心中留出一片天地给别人。

现在的孩子大都以自我为中心，不管发生什么事情，很多人首先想到的是自己，而不是别人。如果别人做错了事，根本没有一点宽容之心，往往逮住他人的缺点不放。

北京师范大学教育系与中国青少年研究中心曾经对中小学生做了一次抽样问卷调查。其中，有一个问题是这样的："当你讨厌的同学需要你的帮助时，而且你能帮助他，你会帮他吗？"对于这个问题的回答，表示愿意的小学生、初中生和高中生分别是59.8％、41.7％和37％。由此可见，虽然不少孩子对于他人的主动求助表示愿意帮助，但是，从小学阶段到高中阶段，表示愿意帮助他人的人数是递减的。在调查中，还有一个问题是这样的："对于过去欺负过你或严重伤害过你的人，你会怎么办？"对于这个问题，只有29.9％的学生表示会原谅他，有近24％的学生表示很难原谅或绝不原谅，其余的学生则表示原谅但不忘记。从中我们也可以看出，能够主动宽容别人的孩子实在太少了，而事实上，宽容是一种重要的美德。《养育好孩子》一书的作者利考纳认为，作为道德美德的宽容有两个方面：

第一个方面是尊重，也就是要尊重所有人基本的尊严和不可剥夺的权利，包括他们做出道德选择的良心自由，只要他们不侵犯其他人的权利，尽管我们不认同来自不同地域的人的习俗或信仰，但宽容这种美德让我们不将自己的观点强加于别人，或不公正地限制他人的自由。

第二个方面是欣赏，也就是欣赏人类丰富的差异，欣赏来自各种背景、人种、宗教、国家和文化的人们的许多正面品质和贡献。在这个社会中，任何一个人都与其他人是不一样的，我们要引导孩子承认人与人之间的差异，并接受这种差异，认识到他人的优点，努力在他人身上寻找美好的特点。

作为父母，应该充分认识到宽容对于孩子来说不仅是一种待人准则，而且是一种保护心理健康的习惯。现代科学揭示，宽容有利于一个人的健康长寿。美国密歇根州立大学的研究人员进行的一项研究就发现，当人们想要报复他人时，血压会明显上升；而在宽容他人时，血压则显著下降。因此，作为父母一定要培养孩子宽容的习惯。

那么，怎样让孩子学会宽容的习惯呢？

1. 学会宽容你的孩子

在生活中，你要有宽容的态度，不仅是对他人，尤其对待孩子。你的宽容能让孩子效仿。印度民族英雄甘地在回忆自己的成长过程时说过："是父亲那崇高的宽容态度挽救了我。"甘地出生在一个小藩王国的宰相之家，从小就爱撒娇，性格也不开朗。他对父母十分顺从，对周围的事物也特别敏感，自尊心很强，一旦被人奚落，马上就会哭鼻子。在学校一挨老师批评，就难过得受不了。

少年时期，由于好奇，他染上了烟瘾，后来发展到偷兄长和家里的钱买烟抽，而且越陷越深。渐渐地，他觉察到自己偷别人的钱，背着父母抽烟的行为太可耻了。一想起来，就觉得无脸见人，内心十分痛苦，甚至还想过自杀。

当他终于忍受不了痛苦的折磨时，便把自己的整个堕落过程写在了笔记本上，并鼓足勇气交给了父亲。甘地以为，父亲会狠狠地批评他，甚至惩罚他。但是，事实却出乎他意料。父亲看后，心情十分沉重。他不但没有责备甘地，反而自己流下了伤心的眼泪。甘地是个上进的孩子，他看到父亲痛心的样子，觉得自己太对不起父亲了，从此，他痛下决心，彻底改正了错误，走上了正道。

宽容是被禅学所崇敬的一种品质。许多禅师都擅长用宽容来感化弟子，让他们得到禅的真传。

古时候，有一位德高望重的老禅师。有一天晚上，老禅师在院子里散步，发现墙角那边有一张椅子，他一看就知道有出家人越墙出去溜达了。

对于这种情况，老禅师没有产生惩罚弟子的想法，而是走到墙角把椅子移开，自己就地蹲在那里。

过了一会儿，果然有一个小和尚翻墙进来了，他顺墙而下的时候正好踩着老和尚的背跳进了院子。当学生落地后，看到自己踏的不是椅子而是自己的老师时，吓得惊慌失措。谁知，老禅师并没有厉声责备他，只是平静地对他说："夜深天凉，快去多穿一件衣裳。"

事后，老禅师再也没有提起这件事，而且所有的弟子都不知道这件事。从那时起，却再也没有弟子越墙到外头闲逛。

正是老禅师的宽容，给了弟子改正的机会，并从中反省自己的行为，从而帮助其他人也改正了不良行为。他的弟子们更是学会了宽容他人。

2. 不要把世俗的毛病传染给孩子

父母最好不要在孩子面前以自己的眼光议论其他小朋友的缺点，这样容易让孩子对其他小朋友过于挑剔。相反，父母要尽可能表扬其他小朋友的优点，让孩子明白每个人都是有优点的，不要使自己的孩子产生一种以己为中心的思想，这非常不利于培养孩子宽容的习惯。

父母尤其不要对某些人和事物有偏见，更不要把这些偏见在孩子面前表露出来，从而让孩子在潜意识里也受到这种偏见的影响，而对这些人和事物有偏激的看法。

当孩子的小伙伴来自己家里时，父母对其他小朋友的态度不要过分冷落，也不要过分热情，尤其要教育孩子尊重小伙伴，让孩子平等地与人交往。

3. 教孩子换个角度看问题

不管什么时候，父母都可以教孩子学会从别人的角度来看待问题，让孩子把自己置于别人的位置，设身处地地站在别人的角度来思考问题。

陶行知先生在育才学校当校长时，曾经发生过这样一件事情：

一天，陶行知在校园里看到学生王友用泥巴砸自己班上的男同学，陶行知立即制止了他，并让他放学后到校长室去。

放学后，王友早早地来到校长室门口准备挨训。这时，陶行知走过来了。他一看到王友，就掏出一块糖果递给他，说："这是奖给你的，因为你按时来了，而我却迟到了。"

王友惊愕地接过糖果，目不转睛地看着陶行知。这时，陶行知又掏出一颗糖果递给王友，说："这块糖果也是奖给你的，因为当我不让你再打人的时候，你立即就住手了，这说明你很尊重我，我应该奖励你。"

王友更惊愕了，他不知道校长到底想干什么。

这时，陶行知又掏出一块糖果放到王友的手里说："我已经调查过了，你用泥块砸那些男生，是因为他们不守游戏规则，欺负女生。你砸他们证明你很正直善良，并且有跟坏人作斗争的勇气，应该奖励。"

王友听了非常感动，他失声叫了起来："校长，你打我吧，我砸的不是坏人，而是自己的同学呀！"

陶行知满意地笑了，又掏出一块糖果递给王友，说："你能正确地认识错误，这块糖果值得奖励给你。现在我已经没有糖果了，你也可以回去了。"

陶行知的教育让王友明白了，不管在什么时候，都要换个角度想想问题。可见，父母应该教育孩子经常问自己："要是我处在这种情况下，我会怎么想呢？又会怎么做呢？""我现在应该为他做点什么，他的心里会感觉好受一些呢？"这样，孩子往往会看到问题的另一面，从而产生宽容的品格。

在日常生活中，父母要鼓励孩子参与多元化的活动。无论孩子年纪多么小，都鼓励他接触不同种族、宗教、文化、性别、能力和信仰的人，这有利于孩子与不同的人坦诚相待，遵从规则，平等竞争。

4. 教孩子善待他人

有一个孩子，他不知道回声是怎么回事。有一次，他独自站在旷野，大声叫道："喂！喂！"附近小山立即反射出他的回声："喂！喂！"他又叫："你是谁？"回声答道："你是谁？"他又尖声大叫："你是笨蛋！"立刻又从山上传来"你是笨蛋"的回答声。孩子十分愤怒，向小山骂起来，然而，小山仍旧毫不客气地回敬他。

孩子气冲冲地回家对母亲诉说，母亲对他说："孩子呀，那是你做得不对。如果你恭恭敬敬地对它说话，它就会和和气气地对待你。"孩子说："那我明天再去那里说些好话。""应该这样，"他的母亲说，"在生活里，不论男女老幼，你对人好，人便对你好；如果我们自己粗鲁，是绝不会得到人家友善相待的。"

这位聪明的母亲恰到好处地教会了孩子怎样待人。诚然，"要想公道，打个颠倒"。宽容是一种美德，在生活中，即使别人错了，无礼了，你若能容忍他人，宽容他人，同样能获得信任和支持，同样能得到别人的友善相待。

在教孩子善待他人的时候，父母可以通过角色互换的方法让孩子摆脱以自我为中心的不良想法，学会心中有他人，宽容他人。父母应该教孩子对其他小朋友多一点忍让，多一份关心，这样别人也会遇事宽容自己，体谅自己，为自己着想。事实上，只要孩子学会了宽容，他就会赢得朋友，就会真正体会生活的快乐。

让孩子积极参加各种活动。开始时，可以暗示孩子主动提问，主动要求、主动学习。紧接着，当孩子主动行动了，父母要用表扬、奖励等方法强化孩子的自主观念。

孩子主动放弃去做了，不一定成功。父母要激励孩子，告诉孩子："人生不如意事十有八九"。失败了一次不要紧，失败是成功之母。让孩子接触各类事物，接触的事情多了，见多识广，心胸自然就开阔，悲观思想便不容易产生了。

常言道："樱桃好吃树难栽，不下苦功花不开。"美好的东西要付出相应的劳动和汗水才能获得。当一个人明白这些东西来之不易的时候，他才会更加珍惜，才能体验到快乐和幸福。

在《回忆我的母亲》一文中，朱德阐述了从小参加劳动对他终生的影响。朱德在四五岁的时候就开始帮助妈妈做事，在八九岁的时候，朱德不仅能够帮助妈妈挑东西，而且还会下地种田了。每当朱德放学回家，总是悄悄地把书包一放，然后就帮助妈妈去挑水或放牛。有时候，他上午读书，下午种地。农忙的时候，朱德便整天在地里跟着母亲劳动。朱德深情地写道："我应该感谢母亲，她给了我与困难作斗争的经验。我在家庭生活中已经饱尝艰苦，这使我在以后的生活中再也没有感到过困难，没有被困难吓倒。母亲又给了我一个强健的身体，一个勤劳的习惯，使我从来没有感到过劳累。"

由此可见，劳动不仅能够造就一个人，而且能够给人以快乐和幸福。

从20世纪40年代开始，哈佛大学对波士顿的456名男孩子进行了跟踪调查，了解他们的生活经历和成长过程。在这些孩子进入中年的时候，研究人员对他们的生活进行了分析，结果发现，不管这些人的智力、家境、种族或受教育的程度如何，也不管他们遇到多少困难和挫折，从小参加劳动和工作的人，即使只在家里做一些简单家务的人，生活得要比没有劳动经验的人更充实更美满。

这表明，劳动使孩子获得能力，生活上就独立；在面对挫折时，孩子善于以独立的积极的心态去面对。因此，父母要重视培养孩子劳动的习惯。

劳动是人类的第一需要，所谓"不劳动者不得食"。但是，许多父母却由于溺爱孩子等各种原因，忽视了对孩子的劳动教育，使孩子逐渐养成了不爱劳动的坏习惯。据调查，现在的中小学生，爱劳动、有较好劳动习惯的约占1/3，其余2/3的中小学生是不爱劳动或不太爱劳动的。缺乏劳动意识的孩子会养成依赖成人的习惯，而且，由于孩子没有经过劳动的磨炼，以后走上社会也很难胜任工作。

有人说："我们和孩子一起劳动，这大概就是我们的全部教育。他们能自己教育自己，因为他们参加劳动……劳动是最体贴人的最靠得住的保姆，同时它也是最细心最严格的保姆。"伟大的教育家苏霍姆林斯基认为这段话"表达了劳动人民充满智慧的教育观点"，因为，只有从小参加劳动的人，他才能从"我要"中解脱出来，变"我要"为"我给"，才能真正获得幸福。

那么，家长应该怎样培养孩子劳动的习惯呢？

1. 家长要重视劳动教育

有一部日本电影纪录片是讲述野生狐狸的。狐狸妈妈对自己生下的小狐狸非常照顾，可谓舐犊情深。小狐狸渐渐长大了，狐狸妈妈却像发了疯似的要"逼"小狐狸离开温暖的家。刚开始，小狐狸们都不愿意离开舒适温暖的家，但是，狐狸妈妈就是不让小狐狸们进家，它又咬又赶，非要把它们都从家里撵走。最后小狐狸们只好夹着尾巴落荒而逃，去开始自己的独立生活。这只狐狸妈妈看似冷酷，但是，它却懂得小狐狸应该学会劳动，学会自己去捕食，这样才能生存下去。

孩子不爱劳动与家庭教育有极大的关系，许多家长心疼孩子，怕孩子吃苦受累，因此往往不让孩子劳动；有些家长则怕孩子干不好，不如自己干来得省事；有些家长认为孩子学业重，功课多，不想占用孩子的宝贵时间；有些家长则认为孩子的任务是学习，劳动作为一种技能以后自然会做的，用不着家长教育。这样，孩子就渐渐失去了劳动的意识，养成了不爱劳动的坏习惯。

教育家苏霍姆林斯基说过："一个孩子为了浇花，开始提了一小桶水，接着他又提第二桶、第三桶、第四桶，结果，他累得满头大汗。这时，你不必担心，因为对他来说，这其实是世界上任何一种别的喜悦都不能够比拟的真正喜悦。在这种辛勤的劳动中，孩子不仅可以了解到世界，而且可以了解到他自己。童年时期的自我教育正是从了解自己开始的，而且这种自我了解是非常愉快的。一个大约5岁的孩子栽了一棵玫瑰树，开出了一朵很美丽的花，他不仅十分惊讶地观看着自己双手劳动创造出来的成果，而且还观察了自己本身：'难道这是我自己做成的吗？'像这样，孩子在慢慢地体验无与伦比的劳动乐趣的同时，还可以通过这件事来认识他自己。"

因此，要帮助孩子热爱劳动，父母首先要重视对孩子进行劳动教育，平时不要溺爱孩子，应该让孩子做一些力所能及的事情，同时以社会生活实际、社会发展历史和家庭生活实例等告诉孩子劳动的重要性，让孩子从思想上认识到劳动的光荣，劳动的伟大，不爱劳动的人是没有出息的。

2. 教给孩子一些劳动技能

劳动也需要一定的技能，干什么活都有一定的干法，这就要求父母教给孩子一些劳动的程序，劳动的操作要领、方法及劳动的技巧。例如，父母要求孩子做饭，就应该告诉孩子做饭的程序，放多少水，煮多长时间，等等。

父母要孩子洗衣服，就要教孩子洗衣服的技能。教孩子先将脏衣服按颜色分为深色、浅色、白色几类，教他看衣服的标签把要干洗和特殊处理的衣服挑出来，再告诉他该怎么操作洗衣机、测量洗衣粉、事先处理污垢等。父母要注意示范，教会孩子劳动程序。孩子只有掌握了劳动的技能，他才会愿意去做。

做任何事情都需要一个学习的过程，父母应该耐心地教孩子去做，在孩子遇到困难的时候，千万不要简单地对孩子说："你自己想办法吧！"或者把孩子搁一边不管他，或者严厉地责怪孩子无能，这样会让孩子感到自己没有本事，从而产生厌倦的情绪。

因此，在孩子的劳动过程中给予指导，给予鼓励，培养孩子的劳动技能是比较重要的。在孩子取得进步的时候，哪怕这个进步是非常微小的，父母也要鼓励孩子，让孩子从劳动中体验到快乐和幸福。

3. 注重实践锻炼

对孩子进行劳动教育，不能只限于口头，而应该通过劳动实践来进行。如果父母在平常没有让孩子参加具体的劳动，那么，孩子是不太可能爱好劳动的。

有一个男孩，在家里从来不做家务，在学校里也总是躲避大扫除等集体劳动。老师把这个问题反映给了父母，父母意识到自己平常忽视了孩子的劳动实践，于是，想方设法要让孩子改变这种不爱劳动的习惯。

暑假的时候，父母带孩子参加一个野外生存训练的夏令营活动。父亲发现男孩非常喜欢这种活动。第二次，父母又带孩子去野营。但是，父母在野营中却不再照顾男孩，什么事情都让他自己来。平日不爱劳动的男孩，在这次野营活动中尝尽了苦头。这时候，他才意识到，自己的生活自理能力和劳动能力太弱了。

回家后，男孩主动要求父母让他多做一些家务，这正中父母下怀。经过一段时间的劳动实践，男孩对劳动已经不再厌恶，反而产生了热爱的倾向。

由此可见，父母一定要注重让孩子参加劳动实践，不要心疼孩子。可以让孩子学着收拾饭桌、洗碗，而不要担心孩子可能会把碗打碎。与孩子的劳动精神相比，打碎一只碗又算得了什么呢？诸如洗衣服、拖地、倒垃圾、购买日常生活用品、修理一些旧东西、整理房间等家务劳动都可以要求孩子去做。父母最好每天安排一定量的劳动让孩子做，一般来说，小学生每天 20 ～ 40 分钟，中学生每天 30 ～ 50 分钟为宜，具体可根据孩子的功课情况来调节。当然劳动的内容应根据孩子的实际情况决定，从简单到复杂逐渐过渡，切不可刚开始就让孩子去做难度比较大的劳动，这样孩子只会更加不爱劳动。

在安排孩子劳动实践时，父母应注意搭配孩子的自我服务劳动和家务劳动，让孩子所做的家务按星期轮流替换。让孩子懂得，作为家庭的一个成员，他不仅要做到自己的事情自己干，而且应该帮助父母做一些力所能及的事情。父母可以这样对孩子说："把这个交给你，相信你一定会做得很好的。"父母还应该注意，当学校、社区安排公益劳动时，应带领孩子参加，让孩子体验集体劳动的乐趣。

当孩子已经掌握一定的家务技能时，可以试着让他做一周的主人，比如由他决定做什么饭菜、负责采购等，当然父母也应接受他的支配。这样孩子才能真正体会父母平日的辛苦，对家庭生活有更深刻的体会，从而更加热爱劳动。

4. 尊重孩子的劳动

培养孩子爱劳动的习惯，需要父母进行一定的强化，但是，父母必须注意不要单纯地把孩子当作劳动力来使唤，不要把劳动当作惩罚孩子的手段，也不要过分用物质或金钱来强化孩子的劳动，而是应该通过表扬、鼓励等方法来强化；在孩子劳动的过程中多做具体的指导，多鼓励、尊重孩子的劳动果实，这样会让孩子从劳动中获得快乐，从而有效强化孩子爱劳动的习惯。

让孩子做家务，毕竟会占用他玩的时间，孩子往往会觉得不太情愿。为了让孩子更加乐于做家务劳动，父母要注意以下几个原则：

（1）不要在孩子正兴高采烈或聚精会神地做某件事时让孩子做家务；

（2）不要一次性给孩子太多的活，超出孩子的能力范围；

（3）不要经常用恐吓或者惩罚的手段强迫孩子做家务；

（4）不要只用金钱来引诱孩子做家务，而忽略了孩子有责任有义务做家务；

（5）不要允许孩子在做家务活的时候拖拖拉拉，养成不好的习惯。

5. 运用方法"强迫"孩子劳动

当孩子不愿意劳动时，父母绝不能姑息迁就，一定要想办法让孩子参加劳动。如果孩子不愿听父母的话，就是不愿干活，怎么办呢？这就需要父母发挥自己的智慧了。

美国有一位叫施吕特的妈妈，她养育了四个 8 ～ 14 岁的孩子。这些孩子终日只知道看电视、玩游戏，就是不肯帮妈妈干活，甚至连做功课也提不起劲，每天需要爸爸妈妈不断地呵斥才会勉强去做。终于有一天，这位妈妈决定治治这些孩子。

那天，孩子们发现，妈妈在门前竖了一个牌子，上面写着："妈妈罢工。"孩子们觉得很奇怪，于是去问妈妈怎么回事。妈妈说："我每天要工作，还要给你们做饭、洗衣服，但是，你们并不觉得妈妈做的这些事很重要，从不肯帮助妈妈来做，甚至自己的功课都要妈妈来催，妈妈觉得很累。从今天开始，妈妈要罢工了，我不再为你们做家务活了，你们自己的衣服自己洗，自己要吃什么都自己去做吧！"

妈妈说到做到，真的不再为孩子们做家务。这时，孩子们才发现，劳动是多么的重要。施吕特说："孩子们终于明白，他们除了看电视外，还有很多事情要做。他们开始懂得用脑子想事情，开始看书、做作业和做家务活。"

我们并不提倡父母学习这位妈妈的方法，但是，父母应该明白，孩子们必须劳动，不管他愿不愿意，一个不会劳动的人，会不断自我萎缩直到失去自我，这样的孩子是不会幸福的。

三、教会孩子为人耿直

在中国的历史上，拥有耿直性格的人有很多，其中有刚正不阿的包青天、耿直忠义的张飞等，他们都是我国仁人义士极力推崇的人物，更是孩子从小到大学习的对象。在孩子与朋友交往的过程中，妈妈需要培养孩子耿直的个性，争取让孩子成为一个敢说敢言的人。

一个拥有耿直性格的孩子，在朋友处于迷茫的状态时，能够不计较个人得失仗义执言。朋友对每个人来说都是很重要的，重视朋友交往是每一个人的内在需求，但是选择什么样的朋友，却蕴涵着很大的学问。我们常常说"物以类聚，人以群分"，意思是一个人的品行决定了他交往圈子是什么样，渴望孩子与为人耿直的朋友交往，是每一个妈妈的希望。

为人耿直讲义气的孩子，对人也很忠诚正直，所以很容易就能够赢得他人的信赖和喜欢。他们的性格优点表现在以下方面：

1. 忠诚正义，直来直去

性格耿直的孩子对朋友真诚，面对外界恶势力表现出刚正不阿的个性。正是由于耿直正义的性格，才决定了他们能始终如一地坚持自己的立场和观点，由此也显现出了人性的美好。虽然耿直型性格的孩子不太善于交际，但与他们相处并非难事，他们有正义感，是在困难时刻可以信任的朋友。

2. 心胸宽广，感情丰富

性格耿直的孩子大都胸怀坦荡，性情质朴敦厚，没有心机，并且还有无私的优点。当然，这种性格的孩子一般情感反应都比较强烈，感情也比较丰富，所以，行为方式总是带有浓厚的情绪色彩。多数情况下，这种类型的孩子富有冒险精神，反应灵敏。因此，具有这种性格的孩子是很讨人喜欢的，由于他们的感情丰富，显得人情味非常的浓，给长辈和同学朋友一种很友好的深刻印象。

据史记载，由于刘伯温性格耿直，不肯奴颜婢膝，屡次犯上直谏，终造成朱元璋不满，在封赏的时候只得到低等爵位，后在其急流勇退之后又被佞臣胡惟庸毒害。可惜一代英才，因为性格正直而得罪佞臣，最终落得丢官身死的悲剧下场。

为人耿直的性格是一种比较可爱的性格，当人们与这种性格的人交往的时候不必过分地小心翼翼，这种类型的人比较容易交心，同时对人也会很负责。所以，有个这种性格的孩子，妈妈就不用担心孩子和他人的交往问题，因为这种性格的孩子对自己、对他人都会很负责，也会同师长、同学很好的相处。这种类型的孩子在帮助别人改正错误的同时，自己也会虚心地接受别人的批评和指正。可以这么说，孩子拥有了耿直型的性格，就等于拥有了最大的精神财富和物质财富。

有这么一个事例：

一天晚上，豆豆和爸爸妈妈一起出去吃饭，回来的时候已经很晚了，连妈妈都已经困得睁不开眼睛。那天幼儿园有个作业，要孩子感受春天的花园有些什么，然后都用图画记录下来。妈妈劝了豆豆半天，豆豆才勉强同意让爸爸帮忙把他想的东西画下来，最后还很不高兴地睡觉了。

第二天豆豆带着作业去幼儿园，一见面就跟老师"交代"作业的事情，说得结结巴巴的，但是很坚定。下午老师表扬作业做得好的小朋友要给豆豆发个奖牌，但是豆豆断然拒绝，说什么也不肯要。最后老师没办法，只好发了张贴画代替。爸爸妈妈知道这件事情后，都说："我们家豆豆为人太耿直了。"

耿直的性格特点虽然是孩子最大的财富，但是有时候也会成为劣势或招来祸害的根源。在孩子还小的时候，对于成年人每天面对的虚假情意来说，孩子性格的耿直和快人快语也许是一种调味品。但是，当孩子长大成人以后，这种耿直和快人快语的个性也就成了得罪对方的祸根。因为这种性格的人无论与什么级别的领导交往都忘不了提意见，提意见的方式也总是直来直去。如果他遇见的是一位比较有涵养的领导，对方也就不会在意和追究；假如遇见心胸狭窄的领导注定他要倒霉。

因此，妈妈应该指导孩子在与人交往或做事情的时候，不要随着自己的性子来，应该讲究一些策略和艺术。虽然原则性问题要坚持，但是在某些小事上不妨装点糊涂，尤其是在处理人际关系时，既要对人真诚，又要保持灵活机动的态度，这样才能使孩子在人生中少一些磕磕绊绊。

四、教导孩子和蔼可亲

　　在现实生活中，孩子也需要广交朋友，这既是内心情感的需要，也是获取各种知识的有效途径。为此，妈妈应该培养孩子和蔼可亲的性格，只有当孩子放下架子的时候，才能拉近双方的距离，增进彼此的了解。

　　即使是不到两岁的婴儿，也会对别人，尤其是对妈妈表现得友好、慷慨、亲切。毫无疑问，有一些小孩子比其他小孩展露出更多的友善和无私，也更加和蔼可亲、平易近人。

　　孩子从"我"的意识到"你"、"他"，是思维发展的一个飞跃，从满足自己要求到学会关心别人，则是道德意识的升华。从小在孩子心灵中播下关心他人、和蔼可亲的种子，是发展孩子的健康心理，培养开朗、宽厚、善良性格的重要基础。

　　一个和蔼可亲的孩子，必然懂得如何帮助他人。比如父母下班回来，孩子要主动问好，备茶递水。大人休息时，孩子动作很轻，生怕影响他人的休息。随着孩子年龄的增长，他们开始帮助自己周围的人。比如邻居老大娘需要送信，和蔼可亲的孩子会主动帮忙送去；在公共汽车上，孩子会将座位让给老人和比自己更小的孩子；当同学或朋友有病时，孩子会主动探望……孩子在帮助别人的过程，既丰富了自己的感情，也认识到自我价值。

　　有一位妈妈是这样培养孩子和蔼可亲的性格的：

　　我有两个孩子，一个7岁，一个5岁，为了培养孩子和蔼可亲的性格，让孩子懂得和不幸的人分享，我在厨房里放了一个大篮子来提醒他们。我们在里面放满容易保存的各种食物，然后捐献给镇上的紧急救助中心。每次我和孩子们去购物，我们都会额外买些东西好放进篮子里，等篮子装满的时候，我就和孩子们把一篮子的食物送到紧急救助中心。然后，我们再重新开始为篮子里添食物。

我们的邻居是一位上了年纪的老人，由于行动不便，老人很少外出活动。几年以前，我就开始让我的两个孩子帮助老人。在下雪的早晨，两个小家伙会早起帮老人把路面的积雪铲掉。我向孩子们解释这样做是帮助我们的邻居，如果老人给他们钱不要拿。孩子们为他们能照顾邻居很自豪，而且他们懂得了，帮助别人仅仅是因为帮助本身，是件愉快的事。

现在孩子们长大些了，他们和社区里的小朋友相互很融洽，在学校里也很受老师和同学的喜欢，这和他们待人友善、平易近人的性格有着很大的关系。

事实已经表明，职位和地位越高的人能够放下架子，表现出和蔼可亲的一面，就越能增加他人的好感，从而可以加深彼此交流的机会，发展友谊关系；一个职位越高、成就越大的人，在与朋友交往的过程中越注意放下架子开展交往，就越容易赢得对方的尊敬和信任。因此，在孩子交朋友的过程中，无论自己的家境如何、学习成绩如何，只有放下架子平易近人，才能打破心灵障碍，获得积极的沟通效果。孩子在与朋友交往的时候，总是能够和蔼可亲、为人淳朴，那么就容易和对方建立真诚的沟通。

培养孩子和蔼可亲的性格，对孩子今后具有高尚的情操、健全的人格有着不可估量的影响。那么，妈妈应该如何培养孩子和蔼可亲的性格呢？

1. 让孩子形成良好的礼貌习惯

妈妈应该让孩子知道，一个人在与人接触的时候，别人不可能很快了解你的人品与学识、能力如何，然而却能够从一个人的待人接物是否诚恳、有礼貌上看出来。如果孩子没有形成良好的礼貌习惯，会直接并且严重地影响到他将来的社会生活以及个人事业的发展。

2. 培养孩子美好的情感

要培养孩子和蔼可亲的性格，就要在孩子身上培养对他人的爱。通过各种具体活动，使孩子关心和热爱自己的父母、周围的成人和小朋友，对别人有同情心。现在，有的孩子接受了父母和周围人们过多的爱，而缺少爱别人之心。这是一种危险的倾向，发展下去就会形成"自我中心"性格，自私、任性，甚至发展成为粗暴的行为。其实，爱不应该是单向的，而应该是双向的。

3. 教育孩子以友善的心态交友

和朋友发展友谊有各种目的，但是友善对待他人是首要的一点，只有从这一原则出发，妈妈才能培养孩子和蔼可亲的性格。

五、指引孩子心胸坦荡

在旅途中的某点，两个好朋友吵架了，一个还给了另外一个一记耳光。被打的觉得受辱，一言不语，在沙子上写下："今天我的好朋友打了我一巴掌。"他们继续往前走。经过一片沃野，他们就决定停下。被打巴掌的那位感到难过，跳河差点淹死，被朋友救起来了。被救起后，他用小刀在石头上刻了："今天我的好朋友救了我一命。"这时，一旁的朋友好奇地问道："为什么我打了你以后，你要写在沙子上，而现在要刻在石头上呢？"另一个笑了笑，回答说："当被一个朋友伤害时，要写在易忘的地方，风会负责抹去它；相反的如果被帮助，我们要把它刻在心灵的深处，那里任何风都不能抹灭它。"

心胸坦荡的孩子是真诚的，他们不会为一己私欲而见利忘义，不会为眼前利益所迷惑而因小失大。他们淡泊名利，不以物喜，不以己悲，临危不惧。有"采菊东篱下，悠然见南山"的心境和"衣带渐宽终不悔"的执着，有"会当凌绝顶，一览众山小"的超然，有"大雪压青松，青松挺且直"的豪放。

心胸坦荡的孩子具有亲和力，而一个有亲和力的人，才能将周围的人更好地凝聚起来，让人们拥护他；一个有亲和力的人，具有深厚的修养，宽广的胸襟，美丽的心地和不凡的智慧。

心胸坦荡的孩子不容易受到外界利益的诱惑，能够光明磊落地对待他人而不掺杂一丝一毫的利益诉求。因此，这样的人更容易赢得别人的尊敬和信赖，会赢得更多的朋友。事实上，人们在现实生活中的欲望是能够得到克制的，当我们的孩子与心胸坦荡地和朋友交往时，没有了利益的纠葛会感觉身心放松，能够轻松享受到友谊的乐趣和幸福。

妈妈想要培养孩子心胸坦荡的性格，就要让孩子对朋友不要抱有太多的要求，而重点在于心灵的交流和沟通；要让孩子明白，帮助朋友解决困难是我们义无反顾的事情，但是站在对方的立场考虑问题、不是过多索取而是付出，可以使我们变得更加光明磊落。

为朋友付出应该是不求回报的。当孩子为朋友尽力帮忙的时候，应该是来自内心的责任感让他们展开行动。而在完成自己的努力后，不应该对朋友有过多的预期和回报，否则双方的关系就成了赤裸裸的交易行为，失去了朋友的意义。

作为妈妈，你既可以将自己的孩子培养成心胸坦荡的人，同样也可以将孩子培养成心胸狭隘的人。但为了孩子的幸福，同样也是为了孩子的学习，为了孩子将来能有所作为，妈妈应当教孩子学会宽容、大度、遇事不斤斤计较，与邻里、同学之间融洽相处。如果妈妈心胸坦荡、待人宽厚，孩子也会学着妈妈的样子处理同学之间的关系，也会变得宽容、好善、乐于助人。

六、引领孩子坚持正义

古罗马哲学家西塞罗说："正义是道德的王冠。"这个世界需要正义，我们的生活呼唤正义。可是，当你自己的孩子面对假丑恶时，你还鼓励他坚持正义吗？

现实中的情况往往是这样的：在公交车上遇到小偷，妈妈会向正准备作声的孩子递一个眼色；逛街时看到一个年轻女子乱扔垃圾，妈妈会拉着孩子的手迅速离开；当从幼儿园回家，对妈妈说起身材高大的小朋友欺负弱小的小妹妹时，妈妈总是叮嘱说："你别多管闲事，站远一点！"当妈妈在不知不觉中做出以上看似保护孩子的行为，殊不知却在无意中伤害了孩子的正义感。虽然社会变得越来越复杂，可是坚持正义应该是每一个孩子都需要拥有的高贵品质。

手术室里，刚来实习的责任护士露西，正在进行第一次实战"表演"。当外科大夫准备缝合病人的伤口时，露西认真地提醒道："大夫，你只取出了十块纱布，而我们用的是十一块。"外科大夫肯定地表态："我已经都取出来了。"露西有些怒气了："不，我们用了十一块。"当大夫表示自己承担一切责任时，露西简直喊起来："我们要为病人负责！"听到这里，外科大夫终于拿出掩藏起来的第十一块纱布，赞赏地说："你是合格的护士。"坚持正义的露西赢得了外科大夫的青睐，成为他得力的助手和配合默契的好朋友，还获得了医院的表彰。

"正义"是一种基本的人道精神，可以视为我们的道德底线。一个人可能没有高尚的道德和情操，可能不会成为最前沿的时代楷模；但是他一定要具备最基本的正义感和基本价值判断标准。所以，培养孩子坚持正义的性格，是孩子立身、处世的根基。因为一个缺乏或没有正义感的人，其道德修养就不会有多么深入，很容易给人一种不安全的感觉。

有这样一个事例：

6岁的茜茜回家就迫不及待地告诉妈妈，在他们班级里，有一个小女孩为了在光荣榜上取得好的名次，私自制造了一些本来由老师奖励的"笑脸"。

"她这样做就是不对嘛，我今天告诉老师了！"茜茜正气凛然地说。

还有一次，茜茜去坐公交车，发现车上有个阿姨正在嗑瓜子，而且直接把瓜子壳扔在了车厢里。充满了正义感的茜茜毫不犹豫地走上前说："阿姨，您这样做是不对的，不能把瓜子壳扔在车厢里，这样不卫生。"

这个阿姨在众人面前羞愧难当，认识到了自己的错误，对茜茜说："阿姨知道这样不对，以后会注意的。"茜茜学老师的样子笑着说："没关系的，能够承认错误的都是好孩子。"引得车内的人忍俊不禁。

一个坚持正义的孩子一定是正直、善良、勇敢并且充满了爱心的。他们往往坚持原则、严格要求自己，是具有良知的好伙伴。而这种品格会增加一个人美誉度，使他们具有吸引人的魅力。因此，培养孩子的正义感，就已经使孩子在为人处世方面跨出了重要的一步。

培养一个坚持正义的孩子，也许和培养一个体育、学业或美术好的孩子没什么不同。道理是一样的。而问题是社会在倡导运动员、学者和艺术家的价值。给运动员奖品、给学者奖项、给艺术家礼赞；我们学校提供学者课堂、课后有艺术家俱乐部、有舞蹈课，还有教练用来培养运动员。但是很少倡导公平正义教育。所以，作为妈妈应该带头培养孩子坚持正义的性格，并且自己去努力实现这一目标。

在培养孩子坚持正义的过程中，妈妈应该考虑以下几个方面：

1. 妈妈以身作则

在日常生活中，妈妈可以通过不同的事件为孩子分析、分享看法和观念，同时也要以身作则，起好示范作用，让孩子在潜移默化中学习，认识人世间的真、善、美。社会变得复杂，正义感不能再仅仅是匹夫之勇，教会孩子善于利用周边的资源比如老师、父母来解决问题，这样不但能维护孩子的正义感，也能教会孩子如何保护好自己。

2. 纠正孩子的不良行为

正义与谬误只有一步之遥，妈妈要多了解孩子，孩子有了错误行动之后，父母要明白孩子隐藏的动机是什么。只有对症下药、循循善诱，让孩子心服口服之后，才能使他纠正不良行为，树立正确的观念。

3. 提高孩子的思想水平

妈妈可以引导孩子多接触一些培养道德情操方面的优秀文艺作品，并且联系身边的真实事例，跟孩子一起讨论书中人物的表现。让孩子逐步懂得，诚实正直是中华民族的传统美德，要求孩子从小做一个有正义感的人。

七、教育孩子热情待友

　　孩子用热情结识朋友，这是孩子间建立友谊关系的基础；因此，想要孩子广泛拓展自己的朋友圈子，在学校和生活中结识不同的新伙伴，妈妈就必须培养孩子热情待友的品格。

　　在中国的武侠世界中，真正的侠客不但耿直、豪爽，更以热情对待朋友，这反映了人们对交友的美好期待；而在现代商业世界中，企业与客户和消费者交朋友，也要投入自己的热情和服务才能成功。

　　然而，现在孩子热情的越来越少，冷漠的越来越多。当别的小朋友不小心摔倒在地上时，孩子不但不关心，还站在一边哈哈大笑；当妈妈生病躺在床上时，孩子却在抱怨家长没有带自己出去玩……种种冷漠让人心寒。很多家长都发出了这样的疑问：为什么现在的孩子缺少热情待友的品格呢？

　　艾伦曾经是美国一家公司的普通职员，他失业之后，加入了寿险公司，想通过做推销碰碰运气。但是艾伦的状态一直很低迷，因此一直以来，一个客户也没拉到。过了8个月后，他的业绩仍没有一点起色，甚至生活开始拮据。正当艾伦准备换工作，在翻看招聘广告的时候，无意中看到了戴尔·卡耐基先生的成功学讲座的海报。

　　当时戴尔·卡耐基在美国已经十分有名，改变了很多人。于是这个小职员就决定去听一次试试，权当死马当作活马医了。

　　但是没有想到的是，戴尔·卡耐基先生在讲课的时候，随手一指，就点到了他，让他站起来当场发言，当时场下的观众不少于万人。这位职员被吓得一句话也说不出来了。最后结结巴巴地说了两句，很多人哄笑起来。但是戴尔·卡耐基摇摇头，然后大声地对他说："等一下，先生，拿出你的生机。年轻人，你这样讲话是没有人爱听的，拿出你生命的热情！没有热情，你能够打动谁？"

接着戴尔·卡耐基先生就此大谈"热情"话题。讲到激动处，他挥手将一本书摔在了地上，演讲也戛然而止。这堂课给那位职员留下了深刻的印象，戴尔·卡耐基先生的声音洪亮，感情饱满，目光坚定，余音绕梁，荡气回肠。他迅速点燃了那位职员的激情。"没有热情，能够打动谁！"从此成了那位职员的座右铭，于是他决定改变自己的命运，从那以后，他每次上班都是精神饱满，信心十足，没有任何畏惧。用热情打动着每一个客户。他很快在工作上有了起色，生活也从此发生了改变：他感受到奋斗的乐趣，第一次体会到"做自己主人"的美好感觉：没有热情能打动谁！

这个推销员之所以能打动客户的心，就在于四处洋溢的"热情"。同样，一个人若想打动另一个人，热情也是必不可少的。

一个人最让人无法抗拒的魅力就在于他的热情。一个人是否热情，决定了人们是否喜欢他、亲近他、接受他。热情感染着人们的情绪，带给人们美妙的心境，让人们感到愉快和兴奋。热情能带来幸运，因为人们都喜欢和热情的人在一起。

微笑、掌声、鲜花都是热情的代名词，当孩子以此表达内心的真挚情感时，就是在传递热情的符号和温暖的情谊，演奏一曲生活交响乐。培养孩子热情待友的性格，才能在与他人发展友谊关系时，带着自己的热情出发、展示自己的热力节拍。

小鹏是一个开朗、热情的小男孩，在班里有许多好朋友，他也很喜欢结交朋友。一下课，小鹏就会组织大家玩跳棋，讲故事，周围总是围着一群男孩子。小鹏很喜欢帮助同学，谁忘记带东西，他总会第一个抢着把东西借给别人。班里的事情他也很上心，主动为大家打扫卫生，帮老师收发书本。课后，小鹏喜欢找老师来聊天。在老师眼中他是个关心集体、充满热情的好孩子，还经常夸他。

如果妈妈希望自己的孩子也像小鹏一样，热情待友，就要注意观察孩子日常的表现，对孩子无意识的乐意帮助别人和热情待人的细小事情，随时进行肯定和表扬，使他从无意识过渡到有意识，不断加以强化和巩固。例如，当孩子看到同伴的鞋带散了，就会急忙奔过去，帮同伴系好；看见行人掉了东西，立即拾起来交还给失主。对这些行为妈妈要及时表扬。

其实，妈妈还应该保证孩子有良好的生活环境，有合理的、规律的作息制度，引导他去做一些力所能及的活动，鼓励他参加各种集体活动，乐于和别的孩子交往。只要孩子经常处于积极的情绪状态之中，他就会逐渐形成热情、进取的个性。

最后，妈妈应该鼓励孩子将对朋友的关心和真挚情感表达出来。在孩子眼里，朋友是出色、迷人和富有魅力的，这是一种由衷的感激和称道。当孩子大胆把这种情感表达出来时，本身就会带给孩子热情的体验。

八、培养孩子有羞耻心

在我们的生活常常会有这样的事情发生：孩子开学了，假期作业却"不翼而飞"，原因是作业没做完，不想去面对老师和父母的责问；孩子不断地向老师或父母作保证，但是却总是不断地违背自己的诺言，重复的错误犯了一次又一次；孩子不止一次地背着父母，偷拿家里的钱，有时候还会偷拿商店里的东西……为什么孩子身上会出现这些问题呢？其实，大部分原因就是由于孩子缺少羞耻心所致。

羞耻心是一种以自尊心为基础的道德情感，也是一个人行为品德的内在因素。孩子有了羞耻心，才有对错误事物的抵抗能力，才能矫正和预防不良的行为品德。所以，妈妈应该从小培养孩子有羞耻心的品格。

瑶瑶的家境很好，手里也从不缺零花钱，但是她每次去叔叔家的小超市都会有个习惯：对零食顺手牵羊。她不是没钱买，也不是叔叔不给她吃，她就觉得那样挺好玩。每次"拿"完后表情非常自然，一点儿都不觉得自己做了错事。瑶瑶的行为已经发出了危险的信号——偷窃。但是她自己却浑然不觉，因为她的内心还没有产生羞耻感。这个时候就需要家长很好地引导她，告诉她这种行为是错误的、可耻的。如果任由瑶瑶发展下去，恐怕下次顺手拿的就不是叔叔家的零食了。

苏霍姆林斯基曾说："羞耻心是对于可耻事物的一种强有力的抗毒剂，是义务感和责任心的道德情感的支柱。"当孩子有不良行为时，妈妈要做的不是包庇孩子，而是教导他如何面对后果。让孩子归还偷拿物品，有必要时让他当面道歉，以培养他的羞耻心。警告他下次再犯会有什么后果。总之，妈妈在生活中要善于观察、分析孩子羞耻的心理因素的产生与发展，以便正确引导和教育。

孩子在很多情况下都会表现出羞耻心，比如：做错了事或说错了话的时候；受到父母或老师批评的时候；不被准许参加一些人所共知的有益活动；老师或父母表扬和他在一起的几个人，偏偏没有他自己的时候；提升名誉的公布榜上没有他的名字的时候；考试答卷发下来，而他的成绩偏偏不好的时候；有人公开议论他不可改变的生理缺陷的时候；有人拿他的过失和缺点开涮的时候；受到别人无端猜疑，其言行不良的时候，妈妈要善于运用孩子的羞耻心，去激发他们的歉然、反悔的情绪体验，动之以情，晓之以理，导之以行，培养孩子奋然进取的性格。面对孩子的羞耻心，妈妈还应该注意以下几个方面：

1. 孩子的羞耻心，往往在受尊敬的、亲近的人面前表现出来，成人应理解和保护孩子这种正常而脆弱的羞耻心。

2. 2~4岁幼儿做了错事，在成人面前会感到羞愧，而5～8岁的儿童则在同伴面前也能感到羞愧。因此，要将孩子及时送入幼儿园过集体生活，以使孩子的羞耻心得到正常发展。

3. 在日常生活中结合具体情境，向孩子揭示有关道德行为的是非、善恶，对孩子的正确行为给予及时表扬，并且以讲故事、做游戏等方法进行诱导，从而培养孩子的荣誉感和羞耻心。

4. 通过具体事例，进行情感转移，引发羞耻心。当孩子做了损害他人或集体的事时，可引导他们换位思考，进行情感转移，使他们产生羞耻的情感体验，也可利用一些反面的典型事例，让孩子明白做什么样的事是可耻的，把孩子的羞耻情绪体验变成一股激励他们向上的积极力量，进一步升华其羞耻心。

5. 羞耻心有时也能带来某些消极的影响。例如，有的孩子自己做错了事，因感到羞耻而不敢承认。因此，要使孩子具有健康的羞耻心，必须提高他们的自我评价能力和自我教育能力，这些能力是发展孩子自我意识和形成优良个性品质的重要条件，从而使其形成正确的是非观念，产生正确的荣辱感，防止种种因羞耻心而引起的"负面效应"。

总之，妈妈要在孩子不同年龄发展阶段考虑到孩子的羞耻心理，要意识到这是孩子完整人格、自尊心的重要组成部分。要细心呵护、引导和培养，让孩子从小体验愧疚、羞耻心理。在不该有羞耻时，要告诫孩子"不要怕羞啊"、"没有关系的"；在该羞耻时，要及时引导、培养孩子，一点一滴建立正确的羞耻心理。

第四章
把好的习惯变成孩子一生的财富

一、好习惯要在生活中培养

日本教育家福泽谕吉说："家庭是习惯的学校，父母是习惯的老师。"事实正是如此，孩子习惯的养成主要在家里，父母应该注重在生活中培养孩子的各种良好习惯。

陶行知先生认为，各种知识和技能学习最好在生活中进行，习惯培养更应该如此。他在《生活教育》一文中写道："生活教育是生活所原有，生活所需自营，生活所必需的教育。教育的根本意义是生活之变化，生活无时不变，即生活无时不含有教育的意义。因此，我们说'生活即教育'，到处是生活，即到处是教育；整个社会是生活的场所，亦即教育之场所……生活教育与生俱来，与生同去。出世便是破蒙，进棺材才算毕业……随手抓来，都是活书，都是学问，都是本领……自有人类以来，社会即是学校，生活即是教育。"

德国哲学家康德从小就在父亲的教育下养成了严谨的生活习惯。据说，他每天散步要经过镇上的喷泉，而每次他经过喷泉的时候，时间肯定指向上午七点。这种有条不紊的作风正是哲学家严密思维的根源。可见，良好的生活习惯对于一个人的成功起着积极的作用。

家庭是孩子成长的第一环境，是孩子习惯形成的摇篮，6岁前的儿童主要生活在家庭中，家庭生活对孩子的影响是非常重要的。

有一个小朋友叫阳阳，由于父母工作繁忙，阳阳从小就跟随爷爷奶奶生活，爷爷奶奶对阳阳非常宠爱。他们对阳阳总是照顾得无微不至。当阳阳进入幼儿园时，还不会独自上厕所，不会自己吃饭，不会自己睡觉……阳阳在生活中根本就没有学到良好的自理习惯！这时候，阳阳的父母才意识到问题的严重性，赶紧把阳阳接到家中，对阳阳进行生活习惯的训练。

　　由此可见，生活即教育，父母应该积极为儿童创造适宜的家庭环境，同时，父母应当经常在行为、举止和谈吐等方面给儿童一个最好的榜样，讲话时要注意礼貌、举止要文雅，表现出高尚的情操、道德行为和良好的习惯。如果能够经常这样以身作则，这种长期熏陶使儿童在潜移默化中得到最佳的教养，通过日积月累，让儿童的良好习惯在不知不觉中形成。

二、好习惯要在实践中培养

　　在实践中养成习惯，要不断身体力行，使习惯成自然。陶行知先生的生活教育理论非常重视在做中学。因此，他主张在做中养成习惯，即在实践中养成习惯。他在《教育的新生》一文中写道："我们所提出的是：行是知之始，知是行之成。行动是老子，知识是儿子，创造是孙子。有行动之勇敢，才有真知的收获。"

　　叶圣陶先生也认为，要养成某种好习惯，要随时随地加以注意，身体力行、躬行实践，才能"习惯成自然"，收到相当的效果。

　　什么是"习惯成自然"呢？

　　叶圣陶是这样解释的："成自然就是不必故意费什么心，仿佛本来就是那样的意思。"他举例道："走路和说话是我们最需要的两种基本能力。这两种能力的形成是因为我们从小就习惯了，'成自然'了；无论哪一种能力，要达到习惯成自然的地步，才算我们有了那种能力。如果不达到习惯成自然的程度，只是勉勉强强地做一做，就说明我们还不具有那种能力。"

　　他还说："通常说某人能力不强，就是说某人没有养成多少习惯的意思。比如说张三记忆力不强，就是张三没有把看见的、听见的一些事物好好记住的习惯。说李四表达能力不好，就是说李四没有把自己的思想和感情说出来的习惯。因此，习惯养成得越多，那个人的能力就越强。做人做事，需要种种能力，所以最要紧的是养成种种的习惯。"

良好学习习惯形成的过程，是严格训练、反复强化的结果。现代控制论创始人、美国著名数学家维纳，在回忆父亲对他早期学习习惯的严格训练时说："代数对我来说没有什么困难，可父亲的教学方法，使我们精神不得安宁，每个错误都必须纠正。他对我无意中犯的错误，第一次是警告，是一声尖锐而响亮的'什么'，如果我不马上纠正，他会严厉地训斥我一顿，令我'再做一遍'。我曾遇到不止一个能干的人，可是他们到后来一事无成。因为这些人学习松懈，得不到严格纪律的约束。我从父亲那里得到的正是这种严厉的纪律训练。"父亲严格的训练，终于使维纳养成了良好的学习习惯，以后成为誉满全球的科学巨人。

三、好习惯要培养，坏习惯要纠正

对于父母来说，要注意培养孩子的良好习惯，更要注意不要让孩子养成不良的习惯。因为坏习惯一旦养成，就具有自然的驱动力和心理惯性，有时候就算没有外部条件，习惯行为也同样可以做出。许多孩子有时候知道自己有不良的习惯，但是往往控制不住自己而重复不良的习惯。这时候，父母要帮助孩子抑制和纠正坏习惯。

那么，什么是坏习惯呢？叶圣陶认为，习惯不嫌其多，但有两种习惯养成不得，除此之外，其他的习惯多多益善。这两种习惯就是：不养成什么习惯的习惯和妨害他人的习惯。

什么是"不养成什么习惯的习惯"呢？叶圣陶用日常生活中的某些习惯的养成来说明不养成什么习惯的害处。他说："坐要端正，站要挺直，每天要洗脸漱口，每事要有头有尾，这些都是一个人的起码习惯。有了这些习惯，身体和精神就能保持起码的健康，但这些习惯不是短时间内就形成的，要逐渐养成。在没有养成的时候，多少需要一些强制工夫，自己得随时警觉，直到'习惯成自然'，就成为终身受用的习惯。可是如果起先没有强制与警觉，今天东、明天西，今儿这样，明儿又那样，就可能什么习惯也养不成。久而久之，这就成为一种习惯，牢牢地在身上生了根。这就是不养成什么习惯的习惯，最要不得。"这种习惯与其他种种习惯冲突，一旦养成，其他种种习惯就很少有养成的希望了。

俄罗斯教育家乌申斯基说："好习惯是人在神经系统中存放的资本，这个资本会不断增长，一个人毕生都可以享用到它的利息。而坏习惯是道德上无法偿清的债务，这种债务能以不断增长的利息折磨人，使他最好的创举失败，并把他引到道德破产的地步。"确实如此，如果孩子养成了一种坏习惯，他将一辈子受这种坏习惯的折磨。

美国研究发现，养成一个习惯需要 21 天。也就是说，教育孩子养成一种好习惯至少要 21 天的时间。但是，如果孩子已经养成一种坏习惯，要纠正孩子的这种坏习惯，需要花费的时间却比 21 天要多。这就要求父母在纠正孩子坏习惯的过程中要有毅力。

事实上，在纠正孩子坏习惯时，父母应该直接提出坏习惯的不良影响，并以此触动孩子的心灵，这样纠正起来相对容易得多。

在《钢铁是怎样炼成的》一书中有这样的情节：有一次，保尔参加青年团员们的争论：人能不能克服已养成的习惯，如吸烟？保尔说："人应该支配习惯，而不是习惯支配人。"当时有位青年嘲笑说："保尔就会说漂亮话……问他自己抽不抽烟？抽的。他知不知道吸烟没有好处？知道的。可是戒掉呢——又戒不掉。"

保尔听后，马上将口中正抽着的烟卷拿下来揉碎，说："从今天以后，我绝不再抽烟。"从此，保尔戒掉了几乎是从儿童时代就养成的抽烟习惯。

坏习惯难以改掉的一个重要原因，是决心不大、毅力不强。富兰克林说："习惯就利用轻忽，嗜好有时比理由还强硬。"对于抽烟这个坏习惯，不少烟民都想改，但为什么有的改掉了，有的改不掉？关键是不仅要认识到坏习惯的危害，而且要痛下决心去改。这样，诸如吸烟、酗酒、随地吐痰等不好的习惯，都是可以改掉的。

教育学家坎宁安说过这样一个寓言：

一个人正在沙漠里散步，突然，一个声音对他说："捡一些卵石放在你的口袋里吧，明天你会又高兴又后悔的。"

这个人弯腰捡了一把卵石放进口袋。

第二天，当他将手伸进口袋时，他惊奇地发现口袋里放的不是卵石，而是钻石、绿宝石和红宝石。他感到非常高兴，不一会儿，他又感到非常后悔。他高兴的是自己拿了一些"卵石"，后悔的是，自己没有多拿一些。

教育也是这个道理。家长今天怎样教育孩子，明天孩子就会成为怎样的人。习惯就像是那些卵石一样，你现在多培养孩子一些好习惯，明天的孩子就会得到钻石、绿宝石和红宝石。那时，作为家长的你，会和寓言里的这个人一样，又是高兴，又是后悔。高兴的是，你的孩子拥有一些良好的习惯，后悔的是，你其实还可以培养孩子更多的好习惯。所以，为什么不从今天开始为孩子多捡一些卵石呢？明天，这些卵石将变成孩子一生的财富，让他幸福一生。

四、教孩子学会诚信

本杰明·鲁迪亚德曾经说过："没有谁必须要成为富人或成为伟人，也没有谁必须要成为一个聪明的人，但是，每一个人必须要做一个诚实的人。"

在 CCTV《对话》栏目中，主持人请微软公司高级副总裁李开复按微软聘用员工的标准，给以下要素排序：创新、诚信、智慧。李开复毫不犹豫地把"诚信"排到了第一位，同时，李开复向大家讲述了一次难忘的经历。

有一次，李开复面试了一位应聘者，该应聘者无论在技术还是管理上都十分出色。在交谈的过程中，应聘者主动向李开复表示，如果录用了他，他将把原来公司的一项发明带过来。李开复说："不论这个人的能力和工作水平怎样，微软都不能录用他。因为他缺乏最基本的处世准则和最起码的职业道德。"

罗赛尔·赛奇说："坚守信用是成功的最大关键。"一个人要想赢得他人的信任，一定要守信用。

美国有一个青年，父亲英年早逝，并留下了一堆债务。这个青年并没有像其他人一样借口父亲去世而逃避债务，相反，他一一拜访了债主，希望他们宽限还期，并保证自己将替父亲还清所有的债务。债主都非常同情这位青年的遭遇，纷纷表示可以延期归还。这个青年通过 20 年的努力，终于还清了父亲留下的所有债务，甚至还归还了利息。知道这些事情的人都非常感动，同时也深深地感受到这个青年是一个讲信用的人，于是都来找他合作做生意。结果，青年后来取得了巨大的成功。

事实正是如此，诚信是人性一切优点的基础，世界上才华横溢的人并不罕见，但是，才华出众的人就值得信赖吗？只有诚信的人才值得信赖。诚信这种品质比其他任何品质更能赢得尊重和尊敬，更能取信于人。诚信是立身之本，是一个人最宝贵的财产，它能让孩子保持正直，挺直脊梁、光明磊落地做人，还能给孩子以力量和耐力。

每个父母都希望自己的孩子具有诚信的习惯，不喜欢孩子撒谎。但是，许多孩子却是说的一个样，做的另一个样；当面一个样，背后另一个样。面对孩子的这种行为，许多父母是既生气又着急，对孩子来回训斥甚至是惩罚，但是，这种方法有时却促使孩子更擅长于撒谎了。其实孩子的这种不诚信的行为并不是天生的，而是由后天的某种需要引起的，比如为了满足吃的需要、玩的需要甚至是为了逃避受批评、受惩罚。从心理学来看，儿童的道德意识和道德行为的发展是紧密相连的。道德意识决定着道德行为，道德行为又反过来体现着道德意识。但是，由于儿童认识水平跟不上道德行为，常常会造成认识和行为的脱节。许多孩子明知自己的行为是不对的，但由于意志力薄弱、自制力不强无法控制自己的行为，造成他们说话不算数，答应人家的事却又不做。

孩子是否诚信在很大程度上取决于父母的教育。对于孩子经常出现言行不一、不履行诺言的行为，家长应该多从儿童的认识发展上来找原因。不要把孩子的这种行为看成是道德败坏而打骂孩子。如果父母从小就注意对孩子进行诚信的教育，孩子是可以养成诚信的习惯的。 那么，应该怎样来培养孩子诚信的习惯呢?

建议是：给孩子树立诚信的榜样。

教育孩子要诚信，父母自己首先要诚信。以诚信培养诚信，其道理是不言自明的。

曾子是我国著名的思想家。有一次，他的妻子要出门，儿子要跟着一起去。她觉得孩子跟着很不方便，想让孩子留在家里，于是对儿子说："好儿子，你别哭，你在家里等着，妈妈回来杀猪给你炖肉吃。"儿子听说有肉吃，就答应留在家里。曾子把这一切看在眼里，记在心里。

当曾子的妻子回到家时，看到曾子正在磨刀，就问曾子磨刀做什么。曾子说："杀猪给儿子炖肉吃。"妻子说："那只是说说哄孩子高兴的，怎么能当真呢?"

曾子语重心长地对妻子说："你要知道，孩子是欺骗不得的。如果父母说话不算数，孩子长大后就不会讲信用。"于是，曾子与妻子一起把猪杀了，给儿子做了香喷喷的炖肉吃。 父母的这种诚信行为直接感染了儿子。一天晚上，儿子刚睡下又突然起来，从枕头下拿起一把竹简向外跑。曾子问他去做什么，儿子回答："我从朋友那里借书简时说好要今天还的。虽然现在很晚了，但再晚也要还给他，我不能言而无信呀!"曾子看着儿子跑出门，会心地笑了。

"人无信不立"，为了培养孩子的诚信习惯，在日常生活中，父母对待孩子一定要诚信，不要说话不算话。有位母亲经常警告孩子，如果撒谎，就用针把他的嘴缝起来。有人问这位母亲："如果孩子真的撒谎了，你真会缝上他的嘴吗?"显然，这位妈妈对孩子说的话本身就是不现实的，用这种方式来教导孩子不要撒谎是非常不可取的。

要纠正孩子的不守信用，家长首先要做到言行一致。孩子的模仿能力很强，很容易受到某种行为的暗示。如果父母言行不一，不履行承诺，孩子就会受到暗示，跟着模仿。例如，父母如果答应了孩子星期天带他到公园去玩，就一定要去。如果临时有事，也要先考虑事情重不重要，若不重要，就要坚守诺言；如果事情确实比较重要，一定要向孩子说明情况，并争取以后补上去公园的活动。而且，应该尽量避免这种推迟或失约的事情发生，这样才能取信于孩子。

在日常生活中，许多父母为了诱导孩子做某件事，总是轻易地许诺孩子某些条件，但是事后却没有兑现。孩子的希望落空后，就会发现父母在欺骗自己，他就会从父母身上得到一些经验，那就是不守信的许诺是允许的，大人的言行也经常不一致的，说谎是允许的，等等。一旦这些经验转化为孩子说谎的行为时，父母恐怕要后悔莫及了。

1. 对孩子进行诚信品质的教育

诚信是人的立身之本，父母应该加强对孩子进行诚信品质的教育，从小就教育孩子守信用、负责任。告诉孩子，一个言而无信的人，是没有人愿意和他合作的。

宋庆龄从小就被父母教育要做一个守信用的人。

有一次，父母要带全家去朋友家做客，其他孩子都穿戴整齐准备出发了，只有宋庆龄仍然坐在钢琴面前不停地弹琴。

母亲喊道："孩子们，我们快走吧！"

宋庆龄不由自主地站了起来，但很快又坐下去了。父亲问道："孩子，你怎么了？"

宋庆龄有些着急地说："今天我不能去伯伯家了。"

"为什么不能去，孩子？"妈妈问道。

"爸爸，妈妈，我昨天答应了小珍，她今天来我们家，我要教她叠花。"宋庆龄说。

"我还以为什么重要的事呢！下次再教她吧！"父亲说。

"不行，小珍来我家会扑空的。"宋庆龄叫了起来。

"要不，你回来后到小珍家去解释一下，向小珍道个歉，明天再教她也没关系。"妈妈出了个主意。

"不行，妈妈！您不是经常教育我要信守诺言吗？我答应了别人的事情，怎么可以随意改变呢？"宋庆龄坚定地摇着头。

"哦，我明白了，我们的庆龄是一个守信用的孩子，"妈妈会心地笑了，"那就让庆龄留下吧！"

于是，父母带着其他孩子去做客了。父母回家后，却见宋庆龄一个人在家里。

"庆龄，你的朋友小珍呢？"父亲问道。

"小珍没有来，可能她临时有什么事吧。"小庆龄平静地回答。

妈妈心疼地问："小珍没有来啊？那我们的庆龄不是很寂寞吗？"

宋庆龄却回答："不，妈妈，虽然小珍没有来，但是我仍然很高兴，因为我信守了诺言。"

可见，宋庆龄父母的教育是成功的。父母的职责是，教育孩子答应别人的事一定要兑现，如果经过再三努力仍没有做到，就应该诚恳地向对方说明原因，并表示歉意。最重要的是，教育孩子在答应别人之前一定要慎重考虑，认真考虑自己有没有能力做到，要量力而行。如果自己没有能力做到，就不要轻易答应。如果自己有能力做到，也应该留有余地，不要轻易夸下海口。这样，孩子在答应别人时，就会有章可循，起到一定的规范作用。

进行诚信品质教育需要父母借助实例、故事的形式讲给孩子听，让孩子明白诚信对一个人来说是非常重要的，不诚信会带来什么恶果，诚信会有什么收获。

在美国华盛顿州塔科马市，10岁的汉森与小朋友正在家门口的空地上玩棒球。一不小心，汉森将球掷到了邻居的汽车上，把车窗玻璃打坏了。

其他小朋友见闯了祸，都吓得逃回了家。汉森呆呆地站立了一会儿，决定亲自登门承认错误。刚搬来的邻居原谅了汉森，但还是将这件事告诉了汉森的父母。当晚，汉森向父亲表示，他愿意将替人送报纸储蓄起来的钱赔偿邻居的损失。

第二天，汉森在父亲的陪同下，又一次去敲邻居家的门，表示自己愿意赔偿。邻居听了汉森的话，笑着说："好吧，你如此诚信，又愿意承担责任，我不但不要你赔偿，还乐意将这辆汽车送给你作为奖赏，反正这辆汽车我也打算弃掉了。"

由于汉森年纪还小，不能开车，所以这辆汽车暂时由他父亲保管着。不过，汉森已经请人修理好了车窗，经常给车子洗尘打蜡，就像是宝贝一样。他经常倚在那辆1978年出厂的福特"野马"名车旁边说："我恨不得快快长大，好驾驶这辆汽车。我至今仍然不敢相信它是我的。"汉森还说："经过这个事件，我更懂得诚信是可贵的。我以后都会诚信待人。"

由此可见，诚信自有它的报偿。如果你的孩子付出诚信，他就会收获信赖；

如果你的孩子付出虚伪，他就会得到欺骗。

当然，诚信品质的教育必须从小时候培养，坚持不懈。大人应该教导孩子从小就做一个诚信的人，要始终如一地要求孩子，教导孩子出现缺点和错误时要勇敢承认，接受批评，绝不隐瞒。你可以在家里多讨论诚信的重要性，为保证使诚信成为孩子的一种优良习惯，你可以读一些强调诚信重要性的书籍，给孩子讲一些名人诚信正直的故事。针对社会上那种坑蒙拐骗的行为，父母要态度鲜明地进行批判，要让孩子坚信，这种弄虚作假的行为是必将受到惩罚的。这样，孩子长大以后才能成为一个光明磊落的人。

2. 满足孩子的合理需要

孩子不诚信的行为大部分是出于某种需要，如果孩子合理的精神需要、物质需要没有得到满足，他必然会寻求满足需要的办法，如果父母对这种合理需要过分抑制，孩子就会换种方式，以某种不诚信的行为来满足自己的需要。

例如，林刚为了得到一个漂亮的书包而对妈妈说："妈妈，你给我买个漂亮的书包吧，我们班上的同学每个人都有漂亮的书包，就只有我没有了！"而事实上，并不是每一个同学都有漂亮的书包的，林刚只是为了满足自己的虚荣心而这样说的。

因此，父母应该认真分析孩子的需要，尽量满足其合理的部分。如果孩子的书包确实比较破旧，就可以给孩子买一个合适的。当然，对于孩子的价值观来说，漂亮并不等于贵，父母一定要明确这个观念。

要分析孩子的需要，父母应该认真倾听孩子的心里话，而不要以成人的想法推测孩子的心理。当孩子向父母讲述了他的需要以后，父母应该跟孩子一起分析哪些是合理的，哪些是不合理的；哪些是现在可以满足的，哪些是将来才能满足的。然后及时满足孩子合理的需要，对不必当时就满足的需要可以留到以后慢慢满足；对于不合理的需要，则要跟孩子讲明道理。如果父母不善于判断孩子的需要是否合理，可以请教老师或其他的家长，也可以阅读相关的书籍，避免盲目行动，给孩子"可乘之机"。

如果孩子出现了言行不一致的行为，父母一定要及时指出来，严肃地向孩子讲明道理，并督促孩子认真履行自己的承诺。同时，父母还可以讲讲信义在人际交往中的作用，让孩子懂得履行自己的诺言是多么重要。千万不要觉得孩子还小，或者觉得事情无关紧要就放纵他们的缺点，这样，孩子会不断强化不良的行为，从而形成不良的品格，进而影响他的人生。

3. 不要怀疑孩子

我们经常会看到这样的父母：他们要求孩子吃完饭在房间里学习半小时，结果却每隔五分钟进去看一下孩子是否在偷懒；他们要求孩子去买件东西，也总担心孩子把多余的钱买零食吃。

父母们的这些行为，往往导致孩子用撒谎来对抗，而父母们却认为自己的怀疑是有根据的，这就更加滋长了孩子的不诚信。

苏联伟大的教育家马卡连柯非常注意对孩子的信任，他认为，信任可以培养孩子的诚信。

有一次，马卡连柯派一个曾经是小偷的学生去几十里外取一笔数额不小的钱。这名学生由于曾经是小偷，在同学的眼中被视为另类，几乎没人与他来往，他非常渴望得到信任。

接到马卡连柯的任务后，这个学生简直不敢相信这是真的，他问马卡连柯："校长，如果我取了钱不回来了，你会怎么办呀？"

马卡连柯平静地回答："这怎么可能？我相信你是一个诚实的孩子。快去吧！"

当这名学生把钱交给马卡连柯的时候，他要求马卡连柯再数一遍。谁知，马卡连柯却说："你数过了就行。"于是，随手把钱扔进了抽屉。

事后，这名学生是这样描述自己的心情的："当我带着钱在路上时，一路上我在想，要是有人来袭击我，哪怕有十个人，或者更多，我都会像狗一样扑上去，用牙咬他们，撕他们，除非他们把我杀死！"

马卡连柯就是运用信任的方法培养了这名学生诚信的行为。因为，只有信任才能换来诚信。

4. 家长要敢于承认错误

英国政治家福克斯素以言而有信著称。他所以能这样，是他父亲教育的结果。

福克斯的父亲是英国的富绅。福克斯很小的时候，花园里有座旧亭子，他父亲想将其拆除，并重新建一座新的亭子。小福克斯从寄宿学校回家度假，正巧赶上工人拆迁亭子，他很想亲眼看一看亭子是怎样拆除的，所以请求父亲允许他推迟一些日子返校。但是，父亲却要他准时到校上课，争论了很久，父亲终于答应将亭子的拆迁日推迟到第二年假期，这样，小福克斯就可以在假期赶上亭子的修建了。

小福克斯回学校后，父亲就让人把亭子拆了重建。谁知，小福克斯一直把这事放在心上，一放假回家，就向亭子走去。当看到新亭子已经建好时，他失望地对父亲说："你说话不算数！"父亲听了大为震惊，严肃地说："孩子，我错了！言而有信比财富更重要。"

父亲居然真的叫人把新亭子拆掉了，在原地重新再盖一座亭子，帮儿子实现观看这一过程的愿望。

在现实生活中，许多父母都有可能不自觉地对孩子讲了一些不诚实的话，或者讲过的话没有兑现。这时候，父母一定要放下架子，以平等的身份向孩子承认错误，这样反而会赢得孩子的信任。

有一位妈妈曾经给孩子讲了一个撒谎后鼻子会变长的故事，孩子对此深信不疑。

有一天，孩子在学校里又听到了这个故事，于是回家跟妈妈说："妈妈，以后我不会撒谎的，撒谎的人鼻子会变长的。你们也不要撒谎啊，要不也会长出长鼻子的。"这时，妈妈觉得有必要跟孩子讲讲故事情节的真实性问题了。

妈妈对儿子说："孩子，其实这只是一个童话故事，在现在生活中，一个人说谎是不会长出长鼻子的，只会受到良心的谴责。"

儿子有点迷惑了："那我们是不是就可以说谎了？"

"当然不是，"妈妈回答，"一个人应该说实话，他说了谎话就会失去朋友，这比长长鼻子还要可怕。"

年幼的儿子现在才真正明白，童话故事也是虚构的，但它并不是不诚实的表现，而是以另一种方式劝人们要讲真话。

五、礼貌可以替代最高贵的感情

良好的礼仪习惯不仅能给人生带来快乐，而且能够帮助一个人走向成功。从外表上看，礼貌是一种表现或交际形式，从本质上讲，礼貌反映着我们自己对他人的一种关爱之情。所以，真正的礼貌必然源自内心。

一位妈妈好不容易把孩子培养成了学习上的佼佼者，唯一不足的是，孩子从小就不修边幅。但是，这并不妨碍妈妈为他而自豪。孩子从小就是个学习尖子，不仅考上了北京一所高校，而且在学校里自己补习英语，计划去国外留学。大学毕业的时候，孩子顺利地通过了托福考试和 GMAT 考试。

就在面试合格，各项手续也顺利办下来，只等签证就可以实现他的留学梦的时候，一件意外的事发生了！

那天，妈妈陪着孩子去办理签证，孩子的心情非常激动。当听到自己名字的时候，孩子高兴地站了起来；站起来的同时，孩子不自觉地咳了一声，同时往墙角吐了一口痰。这个细小的动作被细心的秘书小姐看到了。秘书小姐走进办公室，在一位官员模样的人耳边轻声说了几句话。

当这位孩子走进办公室的时候，那位官员对他说："对不起，我们很遗憾地通知您，您的成绩和能力虽然都非常优秀，但是，综合素质方面还有些欠缺，我们不能给您签证。"

"综合素质？"这个孩子有些意外。

官员说："是的，我们认为，一个人的成绩和能力虽然很重要，但是，综合素质是更加重要的，它能体现出一个人的品质。我们非常注重这项考核，事实上，许多人都是因为综合素质考核通不过而得不到签证的。"

这个孩子有些沮丧地出来了，而妈妈这时已经明白，孩子之所以没有得到签证，因为他刚才的行为太不文明了。

讲究礼貌也是处理人与人之间关系不可缺少的规范。人与人之间互相观察和了解，一般都是从礼仪开始的。一个举止优雅、彬彬有礼的人，更容易交到朋友、找到工作。正如一位哲人所说，那些明智的和有礼貌的人，特别谦虚谨慎，从不装腔作势、装模作样、夸夸其谈、招摇过市。他们正是通过自己的行为而不是言语来证实自己的内在品性。

一个有教养的孩子必须有良好的文明礼仪，这样的孩子比较受人欢迎，也就是心理学上所说的"被众人接纳的程度高"。文明礼仪要从小培养，形成良好习惯。

有些家长认为，现代社会是个自由的社会，懂不懂文明礼仪没关系，只要学习好、有真本事就行了；有些家长则认为，小孩子天真无邪，长大了就会懂得文明礼仪的。其实，这都是误解。一方面，孩子的文明礼仪需要从小培养，否则就会形成坏习惯，一旦形成坏习惯，再改就很难；另一方面，越是懂礼仪的孩子，越能获得自由发展的广阔天地，因为他会受到他人的尊重和欢迎。可见，文明礼貌始终是孩子应该养成的好习惯。

那么，应该怎样来培养孩子讲礼貌的习惯呢？

1. 为孩子树立榜样

父母是孩子的榜样，父母良好的行为举止是对孩子最生动、最有效的教育。父母应该利用家里来客的有利时机提醒孩子，并给孩子做出榜样。

7岁的明明在接待家里的客人时没有运用礼貌用语，聪明的妈妈没有当场在外人面前指责孩子，因为她知道批评和指责往往会造成孩子的逆反和不服心理，而且这种做法本身也是不礼貌的。但是，这位妈妈并没有忘记这件事，在客人离去后，妈妈把孩子叫到身边，温和地对他说："明明，妈妈发现你对刘叔叔讲话时，没有运用礼貌用语，这是不对的。当叔叔送礼物给你的时候，你应该说'谢谢叔叔'，你说是不是？"明明有所醒悟地说："哦，我忘记了，对不起，妈妈，我下次会注意的。"这样，妈妈通过在事后提醒教育孩子，让孩子明白自己的错误。

在处理相同的事情上，另一位妈妈的做法有所不同，但是也取得了良好的效果。妈妈发现 4 岁的孩子在接受他人礼物时没有运用礼貌用语，就微笑地对孩子说："贝贝，你好像忘记说什么了？" 4 岁的贝贝显然还没有意识到自己应该说什么，这时，妈妈对客人说："谢谢您送礼物给贝贝，我代贝贝谢谢您！" 4 岁的贝贝听了妈妈的话，意识到自己没有表示礼貌，于是奶声奶气地说："贝贝也谢谢阿姨！"

同样是提醒孩子讲礼貌，两位妈妈都没有当场批评指责孩子，而是运用礼貌的方法来提醒孩子，让孩子体会到了运用礼貌的好处。可见，父母要注意提高自身的修养，使用文明的语言，在家庭中不要讲粗话、脏话，家人之间多使用礼貌用语，说话要和气。这样，才能通过自己的行为潜移默化地影响孩子，让孩子在良好的环境中养成文明礼貌的习惯。

2. 净化孩子的语言环境

孩子不文明的语言一般都来源于周围的环境，要想让孩子成为一个文明礼貌的人，首先要净化孩子周围的语言环境。

有一个上小学的男孩，满口脏话，经常欺负女生，甚至对女老师也很不恭。班主任老师联系了孩子的妈妈，没想到他的妈妈却对老师哭诉这孩子如何对她无礼。班主任老师于是苦口婆心地教育这个孩子要讲礼貌，但收效甚微。有一天，班主任到孩子的家里去家访。开门迎接老师的是孩子的父亲，班主任老师便随口问了声孩子的母亲在哪里，孩子的父亲则轻蔑地说："还瘫在床上呢，死猪婆！"班主任老师马上就明白了孩子不讲礼貌的根本原因！

父亲如此当着孩子的面侮辱自己的妻子，而且不顾有外人在场，孩子怎么可能讲礼貌呢？班主任老师非常愤怒，当着孩子，批评了他的父亲，这位父亲也意识到自己的行为对孩子的不利影响，后来学会了尊重妻子，不讲粗话。这个孩子也越来越礼貌了。

当父母发现孩子说脏话时，要找出孩子说脏话的"根源"，尽量让孩子远离或少接触那种不良的环境。比如，父母可以有意识地限制孩子与经常说脏话的同学来往；也可以和教师取得联系，借助老师的力量促进其他孩子养成文明礼貌的习惯；还可以和孩子同学的父母取得联系，一起帮助孩子养成文明礼貌的习惯。

3. 培养孩子注重个人礼仪

父母在平时要有意识地向孩子强调注重个人礼仪的重要性，父母应该注意从以下几方面来培养孩子注重个人礼仪。

（1）仪容仪表

教育孩子保持仪容仪表的整洁，要把脸、脖子、手都洗得干干净净；勤剪指甲勤洗头；早晚刷牙，饭后漱口，注意口腔卫生；经常洗澡，保证身体没有异味；衣着要干净、整洁、合体。

（2）行为举止

目标就是"站如松，行如风，坐如钟，卧如弓"，主要从站、坐、行以及神态、动作方面提出要求。优美的站立姿态给人以挺拔、精神的感觉；身体直立、挺胸收腹、脚尖稍向外呈 V 字形。要避免无精打采、耸肩、塌腰，千万不能半躺半坐。走路要昂首挺胸，两臂自然摆动，步速适中，防止八字脚、摇摇晃晃，或者扭捏碎步。

（3）表情神态

教育孩子表现出对人的尊重、理解和善意。与人交往要面带自然微笑，千万不要出现随便剔牙、掏耳、挖鼻、搔痒、抠脚等不良习惯动作。

（4）言谈措辞

要求孩子使用文明礼貌用语，如"您好、谢谢、请、对不起、没关系"等。要求孩子做到态度诚恳、亲切，使用文明语言，简洁得体，既不能沉默寡言，也不能啰唆重复。

父母向孩子强调文明礼貌的常识时，不要用教训、命令的口吻，而是要循循善诱、谆谆教导。同时，父母还要让孩子明白，人与人之间若出现互相挤撞，不要恶言恶语，要抱理解、宽容态度；要求孩子做到行为文明，如，和人见面时主动打招呼、和别人说话时专心、爱护公共环境、遵守交通规则等。

4. 要求孩子礼貌待客

每个家庭都会有客人来。父母要试着让孩子学会以主人身份招待客人，注重礼貌待客。在这方面，我国近代著名的画家、文学家丰子恺先生的做法非常值得一提。

丰子恺先生有个儿子叫丰陈宝。丰陈宝小时候特别怕生人，在客人面前显得不太礼貌。有一次，丰子恺先生到上海为开明书店赶一项编辑工作，把十三四岁的小陈宝也带了去，想让小陈宝帮着抄抄写写。有一天，来了一个小陈宝不认识的客人，这位客人同丰子恺先生谈了好长时间，小陈宝一直没有与客人打招呼。客人与丰子恺先生谈完后，就过来与小陈宝打招呼、告别。这下小陈宝可愣住了，他一时不知道如何是好。

丰子恺先生送走客人后，语重心长地对小陈宝说："客人向你打招呼告别，你怎么可以不理睬人家呢？"后来，丰子恺先生一直非常注重小陈宝的礼貌教育。他告诉小陈宝，客人来了，应该为客人端茶、盛饭，而且一定要用双手捧上，这样表示恭敬。他还风趣地打比方说："如果用一只手端茶送饭，就好像皇上对臣子赏赐，更像是对乞丐布施，又好像是父母给孩子喝水、吃饭。这是非常不恭敬的。"

丰子恺先生还教育小陈宝说："客人送你什么东西的时候，你一定要躬身双手去接。躬身表示谢意，双手表示敬意。"这些话都深深地印在了小陈宝的心中，后来，小陈宝果然成为一个彬彬有礼的孩子。

礼貌待客的礼节有：

迎客。迎接客人进屋的时候，主动帮助客人放衣物，请客人在合适的位置落座；主动送上客人想喝的饮料；递接物品要用双手。

交谈。教育孩子主动、大方地与客人交谈，不要拘谨，让客人感到像在自己家里一样。送客。教育孩子，在客人要走时应礼貌挽留，说"您再坐一会儿"、"再喝杯茶吧"等；要送客人一段距离后说"再见"、"有空常来"。

做客。做客的时候要让孩子保持整洁，以表示对主人的尊重；不能粗声粗气，要谈吐文雅；不经主人允许，不可随意动用主人家里的东西；告别时，要说感谢的话，如"今天饭菜真好吃"、"玩得很愉快"等父母要注意的是，在孩子没有讲礼貌的时候，千万不要强迫孩子。现在生活中，很多父母在孩子没有礼貌的时候总会强迫孩子讲礼貌，比如有客人来家里，孩子躲在房间里不出来，不与人打招呼，家长非得把孩子拉出来跟客人问好，结果，孩子产生了逆反心理。事实上，父母这种强迫的行为本身就是不礼貌的。孩子不愿意与人打招呼必然是有原因的，比如孩子从小就很害羞；孩子认为客人是父母的客人，与自己没关系；或者他正在做作业，一时忘记了打招呼……这时候，父母需要的是引导孩子去跟客人打招呼，如果孩子实在不想打招呼，父母不应该强迫孩子，应该在事后告诉孩子："与人打招呼是最基本的礼貌，你去别人家里时也希望受到别人的热情欢迎呀！"这样，让孩子设身处地为他人想想，他的礼貌举止才会发自内心。

5. 尊重你的孩子

文明礼貌看起来是一种外在的行为表现，实际上反映了一个人的内心修养。有自尊的孩子会尊重自己，维护自己的人格尊严。懂得尊重他人的孩子在说话时往往会顾及他人的感受。因此，父母在生活中要做到尊重孩子。

英国著名教育家斯宾塞说过，"野蛮产生野蛮，仁爱产生仁爱，这就是真理。你对待儿童没有同情，他们就变得没有同情；而以应有的友情对待他们，就是一个培养他们友情的手段。"也就是说，以应有的尊重对待孩子，孩子才会懂得尊重。

德国有个家庭，母亲包莉让孩子帮助做什么事时总是对孩子说："请你帮我……好吗？""请你……好吗？"从来不会说一些生硬的句子，或者用强硬的命令语气让孩子去做事。孩子做完了某件事，母亲总会说声"谢谢"。不管遇到什么事情，父母总会和孩子商量一下。例如，父子一块看电视时，如果父亲想换一个电视节目，总是先对孩子说："杰克，我们换个频道看看好吗？"过圣诞节时，父亲给孩子买了一个高尔夫球台作为礼物。有一次，父亲想与一个朋友一起玩一下，父亲就问孩子："杰克，能不能把高尔夫球台借给我玩一下？"这位父亲认为，既然已经是送给孩子的礼物，它就是孩子的物品。不管是谁要使用这个物品，必须和孩子商量。父母的这些教育方法，使孩子们都养成了彬彬有礼的习惯。

由此可见，父母一定要尊重孩子，同时，父母在家庭中要互相尊重，父母之间的尊重，会在潜移默化中给孩子以良好的影响。

6. 教育孩子尊重自己和尊重他人

有些孩子总是以自我为中心，这并不是说孩子是自私的，而是幼小的孩子还不知道怎样去关注除了自己以外的其他人。

有一次，丰子恺先生在饭馆里请一位朋友吃饭。他把自己的几个十来岁的孩子都带了去。刚吃完饭，就有孩子对丰子恺先生提出要先回家。丰子恺先生马上悄悄地制止了孩子。事后在家里，丰子恺先生对孩子们说："我们家请客，你们也是主人。主人比客人先走，那是对客人的不敬。"孩子们听了丰子恺先生的话，都觉得父亲说得有道理。在以后的请客吃饭中，孩子们个个争当好客的主人。

可见，父母在日常生活中要教育孩子尊重他人，例如：教育孩子上学时主动向老师同学问好，遇到熟人要热情打招呼，请人帮助时要用礼貌用语，等等。

同时，要有意识地向孩子介绍亲朋好友的性格、优点，鼓励孩子学习他人的优点，并且父母要教育孩子谦虚谨慎，不骄傲自满，正确看待他人的缺点和不足，不以自己的长处比他人的短处，让孩子明白"金无足赤，人无完人"的道理。

孩子们有时会做一些不尊重别人的行为。例如，喜欢叫别人外号，见到残疾人会上前围观，见到别人陷入困境会加以嘲笑，看到别人倒霉会幸灾乐祸。孩子这样做，有时是因为想看热闹，好奇，有时是想开个玩笑，有时则只是盲目地跟着别的孩子做。他们并没有理解这样做是不尊重别人，没有意识到他们这样做会伤害别人的心灵。当出现这种情况时，父母先要平静地问问孩子为什么要这样做，然后有针对性地指出孩子这样做的坏处。父母要让孩子设身处地体会到不受别人尊重时的感觉，要让孩子知道，有教养的孩子应该同情别人，帮助别人，尊重别人。尊重别人的人才会受到尊重，尊重别人就是尊重自己。

六、爱心是人的非常重要的素质

　　爱心是人的非常重要的素质，它是人性的基础。一个没有爱心的人，就是一个冷漠的人，一个与社会脱节的人。

　　古今中外，爱心被认为是一个人的基本道德和社会的灵魂。孔子说"仁者爱人"，孟子讲"王道"，都以爱为核心。费尔巴哈说："新哲学建立在爱的真理上，感觉的真理上。""爱是存在的标准——真理和现实的标准，客观上如此，主观上也是如此。没有爱，也就没有真理。"由此，他建立了以爱为基础的新哲学。

　　1990 年 5 月，北京女中学生梁帆应联合国儿童基金会的邀请，前往诺维克城参加"世界儿童为和平为未来"的联谊活动。

　　当梁帆看到高悬在宾馆门前的 50 多个国家的国旗中，竟然没有中国的国旗时，立即对负责人说："一定要升起中国国旗！因为我在这儿。"她坚定地对负责人表示，如果找不到中国国旗，她将亲手做一面五星红旗。

　　负责人被梁帆的爱国精神所感动，当即派人升起了中国国旗，并夸奖梁帆道："你是一名合格的中华人民共和国的代表。"

　　爱心的产生，是基于个体的社会性情感需要，它不是人与生俱来的品质，而是在后天的环境和教育的熏陶下逐渐形成的习惯性心理倾向。

　　为什么现在有些孩子集万千宠爱于一身，却舍不得对别人付出一点点爱呢？其实，孩子不是天生就缺乏爱心的。儿童心理学家研究表明，善良和同情是孩子的天性。婴儿一岁前就对别人的情感有反应，如果旁边有孩子哭，他会随之一起哭；一两岁时，孩子看到别人哭，就会拿自己喜欢的东西去安慰，这表明他已能清楚地分辨自己和他人的痛苦，并有了试图减轻别人痛苦的本能，只是不知道该怎样做才好；到了五六岁时，孩子开始进入认知反应阶段，他知道什么时候该去安慰正在哭泣的同伴，什么时候该让他独处。这些都是孩子爱心的自然表现，但如果后天得不到很好的培养，那么他的爱心就会逐渐消失。因此，孩子有没有爱心，关键在于家长的引导和培养。

对于一个人的个性发展而言，没有什么能比爱和善良更重要的了，这是孩子将来亲和社会的基础和前提。孩子的爱心是通过自然而然的模仿、潜移默化的渗透而逐渐形成的，是一个从外在到内在、从量变到质变的发展过程。在这一发展过程中，家庭是最重要的爱心培育基地，父母是最直接的爱心播种者。

仔细观察我们的周围，不难发现不少家长对孩子的爱心教育并不尽如人意。有的家长认为，现在就一个孩子，只要我有能力，孩子要什么，我就给他什么，图的就是让孩子快乐幸福；也有家长认为，对孩子来说，最重要的是多学点知识技能，在聪明才智上超过别人，至于其他方面，用不着怎么教；还有一些家长认为，孩子小时候任性一点很正常，长大了自然会好的；更有甚者，还把孩子任性、自私、霸道的表现视为孩子的聪明、好玩，而加以纵容。前面说过的彬彬，不舍得与母亲分享他的东西，没有同情心，就是因为家长过分溺爱孩子，不注重对孩子进行爱心教育造成的结果。

那么，应该怎样来培养孩子的爱心呢？

1. 给孩子做关心别人的榜样

俗话说：言传身教。榜样的力量是无穷的，也是最有效的。要使孩子富有爱心，父母必须从自己做起，从孩子一生下来就开始做。

当代著名的社会生物学家威尔逊，有一次意外地发现一个有趣的现象：

一只雌性的成年斑鸠在看到一只狼或者其他食肉动物接近它孩子的时候，便会假装受伤，一瘸一拐地逃出穴窝，好像它的翅膀折断了。这时，食肉动物就会放弃攻击小斑鸠转而攻击成年斑鸠，希望能够捕食这只"受伤"的猎物。

一旦这只成年斑鸠把食肉动物引到一个远离穴窝的地方时，它就会振翅飞走。这种方法往往能够取得成功，当然，有时也不免遭到不测。

斑鸠就是用这种富有爱心的举动来保护幼小的斑鸠，使它们能够活到成年，繁殖后代。而小斑鸠在耳濡目染成年斑鸠的做法后，也会仿效。由此可见，爱心是一种后天强化的行为，只要父母提供榜样，孩子就会模仿。因此，父母在有意识地对孩子进行爱心教育的同时，更要以身作则，通过自己的言行来对孩子起示范作用，在家庭中营造爱的氛围，感染孩子的心灵。

2. 移情训练

爱心培养还需要移情训练，可以经常让孩子把自己痛苦时的感受与别人在同样情境下的体验加以对比，体会别人的心情，这样可以让孩子学会理解别人，学会移情。

例如，看到小朋友摔倒了，可以启发孩子："想想你摔倒时，是不是很疼？小弟弟一定很难受，我们快去扶起他，帮他擦擦脸。"这样，孩子的同情心不知不觉就培养起来了。

5岁的倩倩从小就非常有爱心，妈妈经常鼓励她去帮助他人。

有一次，倩倩跟妈妈一起上街去买东西。在过马路的时候，倩倩看见一位行动不便的老爷爷，她看了看妈妈，见妈妈正用鼓励的眼光望着自己，于是，她主动走上前去，扶着老爷爷走过了马路。

走到马路对面后，老爷爷十分感谢倩倩，夸她是个有爱心的好孩子。这时，走在后面的妈妈对倩倩说："倩倩，你注意了没有？旁边的叔叔都微笑着看你，后边的阿姨也向你投来赞许的目光呢！"

果然，倩倩朝旁边一看，好多叔叔阿姨都微笑地看着她。小倩倩高兴地回答道："老爷爷过马路时会很困难，我们每个人都应该帮助老爷爷过马路，是吧，妈妈？"

妈妈微笑地点点头。

可见，从小的移情训练，已经使倩倩对他人有一种同情心了，而同情心正是爱心的来源。

3. 在生活中培养孩子的同情心

同情他人是爱心的一种体现。缺乏同情心的孩子只关心自己，只顾自己的快乐，而无视别人的痛苦，甚至会把自己的欢乐建立在别人的痛苦之上，这种孩子是很可怕的。有同情心的孩子往往比较会关爱他人，因此，父母要在生活中培养孩子的同情心。

父母要学会利用生活中的事例从侧面来教育孩子关心他人、关心动物。比如，在看电视的时候，如果出现动物弱肉强食的画面，父母可趁机对孩子说："多可怜呀，人可不能这样子！"

人们发现，幼年时期饲养过小动物的孩子，感情比较细腻，心地比较善良。相反，从小没有接触过小动物的孩子感情比较冷漠，与同学发生矛盾冲突时表现为冲动易怒，出口伤人，行为粗鲁，并且会欺负弱小的同学。

在马克思不太宽敞的家中，就喂养着各种各样的小动物，鸟、猫、狗等。马克思让孩子们每天照顾小动物的饮食起居，遇到困难也让孩子们自己解决。只要孩子愿意养小动物和植物，父母尽可能允许他去养。在家中养一些小狗、小猫、金鱼等小动物，或者养一些花花草草，让孩子去照顾，这样往往会培养孩子的爱心。

4. 让孩子了解一些生活的真实情况

父母们总是担心孩子吃苦头，担心孩子遭受挫折。尽管我们自己面临着许多生活的曲折和坎坷，尽管我们有许多不快乐和情绪不稳定，但我们总是竭力在孩子面前保持平稳。父母总是希望孩子不要过早地承受生活重担，其实这是错误的。

事实上，父母要学会与孩子成为朋友，要学会让孩子了解一些生活的真实情况。有些父母总是自己累死累活，但对孩子的各种要求却无条件地满足，这样孩子就会越来越缺乏爱心。

有位职业妈妈，每天要把儿子从床上拉起来，然后赶着去上班。有一天，刚上小学的儿子又赖床了。妈妈生气地对儿子说："我也想像你一样睡懒觉，不用去上班。可是，我却没办法，我得去上班挣钱，你们学校马上要付学费了。你知道吗？"没想到，这次儿子乖乖地起床了。从此，儿子总是会自己主动起床。

一位外国妈妈的做法更是值得父母们学习：

这位妈妈说："我怀了两个孩子，一男一女，医生做检查时发现胎位不太好，说我可能会难产，生产过程会有一些不可预测的情况。于是，我请一个人来做摄像，把我的生产过程全程录像，并刻成光盘。我要把这个光盘送给我的孩子，让他们看看妈妈生他们的时候是多么不容易。"事实上，这种让孩子体验父母艰辛的做法往往能够震撼孩子的心灵。

北京一位一米八高的中学生在看完同学暑期拍摄的实践作品"分娩过程"后，忍不住流泪说道："我可以想象我妈妈生我的时候肯定很痛苦，因为我的个子这么大。"

由此可见，父母不要刻意向孩子遮掩生活的艰难，而是应该让孩子了解一些生活的真实情况，让孩子从小就学着与父母一起分担，做一些力所能及的事情。只有勤快的孩子才会懂事，知道关心体贴别人。孩子自己的事情，父母千万不要包办，应该让孩子自己去做。家里的一些事情，如果孩子可以做的，也应该尽量让孩子去做。

5. 学会接受孩子的爱

许多父母往往只要求孩子好好读书，家里的情况根本不告诉孩子，也根本就不会让孩子去做事情。在父母的眼中，他们只看中孩子的分数，这种思想是不对的。

2004年"三八"节的时候，柴洁心老师曾经做了个试验。她让小区里几个孩子想办法给母亲过节。孩子们决定给母亲送上一杯浓浓的、甜甜的糖水，让妈妈们感到生活是非常甜美的。事后，柴洁心找到孩子们了解情况。

一个孩子说："那天，我早早就等着妈妈下班，一听到她下班的脚步声，我就跑上前去，给她递上浓浓的、甜甜的糖水。妈妈一饮而尽，脸上露出幸福的笑容，还亲了我一口！"

另一个孩子说："我可没有你那么幸运。我跟你一样，早早做好了准备，果然妈妈一见到我，就说：'这是干吗？你少来这套，得几个100分比什么不好？'"

第三个孩子说："我妈妈的脸，是在喝了一口糖水后耷拉下来的。说'傻丫头！你到底搁了多少糖啊？'"

这三位妈妈中只有第一位妈妈懂得要让孩子做一些事情，父母应该接受孩子的爱。其他两位妈妈都忘记了应该向孩子索取一些爱，培养孩子的爱心。"孩子们会想，原来父母是不需要爱的，他们只需要成绩。一旦孩子产生了这样的想法，以后他什么都不过问了，他们会变成不懂爱、不会爱的冷漠的人。"

由此可见，父母应该让孩子参与到家庭生活当中，让孩子去爱他人，同时也要安心接受孩子的爱，这样，你的孩子才会更有爱心。

6. 父母要在重要事情上引导孩子

许多孩子在父母的教育下也能做到关爱周围的人和事物。但是，如果遇到孩子不被人家关爱的时候，孩子的心里往往会感觉失落。更重要的，他对父母教育自己要关爱周围的人和事物会产生一个不良的判断。这时候，父母要及时察觉孩子的心理，抓住机会对孩子进行引导。

马宇歌是中央电视台"大风车"节目的小记者。同时，她和许多同龄的孩子一样，是一个喜欢玩耍的快乐的孩子。

马宇歌的父母都是普通的公务员。小宇歌从小就受到父母这样的教育：对人要真诚，要关心他人。马宇歌的父亲常常给小宇歌讲故事、讲历史。他告诉宇歌，人不能光为自己活着，要像孙中山先生等志士仁人一样，以天下为己任。小宇歌至今保存着两块珍爱的徽章，一块是"博爱"，一块是"天下为公"，她常常将它们别在胸前。在父母的教育下，小宇歌也非常关心他人。

邻居唐爷爷是位80多岁的退休老教师，每次唐爷爷出去购物，只要遇上，马宇歌的爸爸总要主动帮老人一把，因此，小宇歌每次遇到唐爷爷也会主动上前搀扶，帮爷爷拎包。小宇歌收到第一笔稿费，还为酷爱书法的唐爷爷买了两支毛笔。

在学校里，马宇歌也非常注意关心别人。只要班上有请病假的同学，不管晚上放学多迟，天气多恶劣，宇歌都要去同学家帮助同学补课。

有一次，马宇歌生病了，生病中的她非常希望同学们能够来看她。但是，却没有一个同学主动来看她，活泼好动的马宇歌显得非常沉默。显然，她感到有点伤心。细心的爸爸发现了马宇歌反常的表现，他对小宇歌说："好孩子，咱们不应计较别人对自己的回报，我们不是为了得到而付出，而是为了让这社会更美好。"在父亲的教育下，马宇歌不仅一如既往地关心别人，而且也获得了同学们的好评。

七、给孩子一颗乐观的心

　　美国有一对兄弟，一个出奇的乐观，一个却非常悲观。

　　有一天，他们的父母希望兄弟俩的性格都能改变一些。于是，他们把那个乐观的孩子锁进了一间堆满马粪的屋子里，把悲观的孩子锁进了一间放满漂亮玩具的屋子里。

　　一个小时后，他们的父母走进悲观孩子的屋子时，发现他坐在一个角落里，一把鼻涕一把眼泪地在哭泣。原来，他不小心弄坏了玩具，怕父母会责骂自己。

　　当父母走进乐观孩子的屋子时，却发现孩子正在兴奋地用一把小铲子挖着马粪，把散乱的马粪铲得干干净净。看到父母来了，乐观的孩子高兴地叫道："爸爸，这里有这么多马粪，附近肯定会有一匹漂亮的小马，我要给它清理出一块干净的地方来！"

　　这个乐观的孩子就是后来的美国总统里根。他从报童到好莱坞明星，再到州长，直至当上了美国总统。这中间，乐观的性格起到了很大的作用。

　　关于乐观，法国作家阿兰在论述把快乐的智慧用于和烦恼作各种各样斗争时说："烦恼是我们患的一种精神上的近视症，应该向远处看并保持积极乐观的心态，这样我们的脚步就会更加坚定，内心也就更加泰然。"

　　事实正是如此，乐观是一种性格或倾向，使人能看到事情比较有利的一面，期待最有利的结果。儿童心理学家塞利格曼认为，乐观不但是迷人的性格特征，还有更神奇的功能，它能使人对生活中的许多困难产生心理免疫力。乐观的孩子不易患忧郁症，他们也更容易成功，身体也比悲观的孩子更健康。

　　塞利格曼认为，乐观与悲观的最大区别就是对有利和不利事件原因的解释。乐观主义者认为，有利的、令人愉快的事情总是永久的、普遍的，他们能够促使好事发生，而一旦不利事件发生，他们也能视为是暂时的。

悲观主义者则认为，好事总是暂时的，坏事才是永远的。在解释坏事发生的原因时，他们不是责怪自己，就是诿过别人。

"思维心理学"专家史力民博士指出："乐观是成功的一大要诀。"他说，失败者通常有一个悲观的"解释事物的方式"，即遇到挫折时，总会在心里对自己说："生命就这么无奈，努力也是徒然。"由于常常运用这种悲观的方式解释事物，无意识中就丧失斗志，不思进取了。因此，每个父母要重视培养孩子乐观的习惯。

乐观是孩子对未来充满信心和有希望而又不断进取的个性特征。孩子对那些能够满足自己需要的事物或对象，会产生一种积极的情绪体验，而对无法满足自己需要的事物则会产生消极的情绪体验。乐观的性格是孩子应对人生中悲伤、不幸、失败、痛苦等不良事件的有力武器。如果孩子无法乐观地面对人生，就会意志消沉，对前途丧失信心，而且长此以往，还会损害身体健康。

值得庆幸的是，孩子乐观的性格是可以培养的。早期诱发理论认为，人的性格是在后天的环境中逐步形成的，乐观的性格可以通过实践逐步培养，悲观的性格也可以在实践中逐步改塑。

那么，应该怎样来培养孩子乐观的习惯呢？

1. 引导孩子摆脱困境

每个孩子都会碰到不称心的事情，即使天性乐观的孩子也是如此。当孩子遇到困境时，父母要多留心孩子的情绪变化，如果孩子闷闷不乐，父母无论自己多忙，也要挤出一点时间和孩子交谈，教育孩子学会忍耐和坚强面对，鼓励孩子凡事多往好的方面想，不要尽往消极的方面想。

6岁的乐乐已经上幼儿园大班了。一天，妈妈从幼儿园接乐乐回来时，就发现乐乐有点闷闷不乐。妈妈问道：

"乐乐，今天幼儿园有什么高兴的事呀？"

"今天一点都不好玩。"乐乐不高兴地回答。

"为什么呀？出了什么事吗？"妈妈问道。

"今天幼儿园来了一个新同学，他很会说话，老给同学讲搞笑的事情，同学们都不理我了!"原来,乐乐今天在幼儿园受到冷落了。

"那不是很有意思吗? 以后,你每天都可以跟这样一个会说笑话的人玩了,你不高兴吗?"妈妈引导乐乐。

"可是,同学们都不理我了呀!"乐乐有些着急了。

"只要你和同学们一样与那位新同学一起玩,你们不是都可以玩得很开心吗? 其他同学还是跟你一起玩的呀! 是不是?"妈妈问道。

"嗯,好像是。"显然,乐乐同意了妈妈的看法。一路上,乐乐又恢复了往常的快乐。

父母一定要注意观察孩子的情绪,只要孩子愿意与父母沟通,父母就要引导孩子把心中的烦恼说出来,这样,烦恼很快就会消失,孩子也会恢复快乐。当然,父母也可以帮助孩子克服一些困难,教给孩子以正确的态度和措施来保持乐观的情绪,这些都是促使孩子摆脱消极情绪的好方法。

2. 父母要做个乐观的人

父母在教育孩子的过程中,自己首先要做乐观的人,每个家长在工作、生活中也会遇到各种困难,父母如何处理困境会直接影响孩子的做法。如果父母能以身作则,在面对困境、挫折时保持自信、乐观,奋发向上,孩子也会受父母的影响,在遇到困难时,乐观地去面对。平时,父母应该多向孩子灌输一些乐观主义的认识,让孩子明白,令人快乐的事情总是永久的、普遍的,一旦有不愉快的事情发生,那也只是暂时的,不具普遍性,只要乐观地对待,生活仍然是美好的。例如,碰到周末要加班去,就要对孩子说:"今天妈妈要去公司加班,这表明妈妈的工作很忙。"而不要对孩子说:"该死的,妈妈今天又要加班去。"

不管怎样向孩子说明你的情况,事实是无法改变的,但是给孩子的感觉却是不一样的。当你向孩子说:"今天妈妈要去公司加班,这表明妈妈的工作很忙。"孩子会觉得妈妈很能干,在公司是核心人员。如果你对孩子说:"该死的,妈妈今天又要加班去。"孩子会觉得你是不愿意加班而不得不去,这就给孩子留下了不快乐的阴影。

3. 不要对孩子"抑制"过严

许多孩子不快乐主要是因为他们没有自己的自由。父母由于对孩子太过溺爱，往往会抑制孩子们的一些行为和举动，甚至替孩子包办一些事情，这样，孩子就事事不用做，也无法在做事中得到乐趣。

美国儿童教育专家认为，要培养孩子乐观开朗的性格，就不要对孩子"抑制"过严，而是要允许孩子在不同的年龄段拥有不同的选择权。

例如，对于两三岁的孩子，应该允许他自己选择早餐吃什么，什么时候喝牛奶，今天穿什么衣服；对于四五岁的孩子，应该允许他在家长许可的范围内挑选自己喜欢的玩具，选择周末去哪里玩；对于六七岁的孩子，应该允许他在一定的时间内选择自己喜欢看的电视节目，什么时候学习等；对于上小学的孩子，应该允许他结交朋友，带朋友来家玩等。

一般来说，只有从小就享受到"民主"的孩子，才会感受到人生的快乐。因此，聪明的父母不妨做个"懒惰"的父母，让孩子自己去选择、处理自己的事情。

4. 允许孩子自由地表现悲伤

孩子在遇到困境时，往往会表现出悲伤。父母应该允许孩子自由地表现悲伤。如果孩子在哭泣的时候，父母要求孩子停止哭泣，不能表现出软弱，孩子就会把心中的悲伤积聚起来，久而久之，反而造成孩子的消极心理。

俞梅刚上小学不久，就发生了一件让她伤心的事情。她从小就非常要好的伙伴小艳，在班上结识了一个外地转学来的同学，从此，小艳与新同学的关系非常好。俞梅就这样遇到了友谊挫折。

当俞梅感觉到这种情况的时候，她非常伤心。她向妈妈哭诉自己遇到的情况，谁知，妈妈并不理解俞梅的想法，反而呵斥道："这么一点小事值得大惊小怪吗？真是没用！"

妈妈的呵斥让俞梅更加伤心。从此，她变得郁郁寡欢，不管遇到什么事情也不对妈妈说了。等妈妈意识到俞梅的变化时，俞梅已经变得非常悲观了。

可见，对于孩子表现出的悲伤或软弱，父母不要呵斥，应该让孩子尽情地发泄心中的郁闷，只要孩子发泄够了，他自然会恢复心情的平衡。当然，如果孩子需要父母的帮助，父母应该及时安慰孩子，用相同的心理去感受孩子的情绪，努力引起孩子的情感共鸣，从而缓解孩子的不良情绪。

5. 对孩子进行希望教育

乐观的孩子往往对未来充满了希望，悲观的孩子则往往觉得没有希望。因此，父母要对孩子进行希望教育。希望教育是一项细致的工程，需要父母及时地感受到孩子的沮丧和忧愁，帮助孩子驱散心中的阴影。

一位外国大提琴家的童年故事可以说就是一个绝好的例证。

有一天，他拖着比自己身体还高的大提琴，在走廊里迈着轻快的步伐，心情显然好极了。一位长者问道："孩子，你这么高兴，是不是刚拉完大提琴？"

他的脚步并没有停下："不，我正要去拉。"

这个 7 岁的孩子懂得一个许多大人不懂的道理：音乐是一种愉快的享受，而不是我们不得不做的、必须忍受的工作。

平时，父母要多引导孩子看到自己的进步和成绩，鼓励孩子想象自己的美好未来，让孩子对自己的未来充满希望。只要孩子对未来充满了希望，孩子必定会以乐观的心态去面对生活中的事情。

6. 丰富孩子的精神生活

丰富孩子的精神生活可以使孩子把注意力转移到其他事情上来。

一方面，父母要鼓励孩子广泛地阅读，让孩子在阅读中增加知识，升华思想。可以选择阅读伟人的故事、童话、小说等文学作品。

另一方面，父母要鼓励孩子多交朋友，为孩子创造与同龄人交往的机会，如带孩子到邻居家串门，邀请其他孩子到家里来玩，让孩子多到同学家去玩等。另外，父母可多搞一些活动，如带孩子外出游玩，也可让孩子做一些创造性的活动，如利用废物制作小作品，通过丰富孩子的精神生活，让孩子在各种活动中体会到生活的乐趣，增强对生活的信心，培养孩子乐观的性格。

让孩子积极参加各种活动。开始时，可以暗示孩子主动提问，主动要求、主动学习。紧接着，当孩子主动行动了，父母要用表扬、奖励等方法强化孩子的自主观念。

孩子主动去做了，不一定成功。父母要激励孩子，告诉孩子："人生不如意事十有八九"。失败了一次不要紧，失败是成功之母。让孩子接触各类事物，接触的事情多了，见多识广，心胸自然就开阔，悲观思想便不容易产生了。

八、从小培养孩子善于利用时间

法国思想家伏尔泰曾出过一个意味深长的谜语："世界上哪样东西最长又是最短的，最快又是最慢的，最能分割又是最广大的，最不受重视又是最值得惋惜的？没有它，什么事情都做不成，它使一切的东西归于消灭，使一切伟大的东西生命不绝。"这是什么呢？

这就是时间。

伏尔泰是这样解释的："最长的莫过于时间，因为它永无穷尽；最短的也莫过于时间，因为我们所有的计划都来不及完成。在等待的人，时间是最慢的；在作乐的人，时间对他是最快的。它可以扩展到无穷大，也可以分割到无穷小；当时谁都不加重视，过后谁都表示惋惜；没有它，什么事都做不成；不值得后世纪念的，它都令人忘却；伟大的，它都使它们永垂不朽。"

是的，时间对我们来说是非常重要的。莎士比亚说："放弃时间的人，时间也会放弃他。"歌德则说："善于利用时间的人，永远找得到充实的时间。"事实确实如此，良好的时间观念是一个人成功的前提条件之一。

其实，许多伟人诸如科学家、发明家、文学家，最成功之处就是运用时间的成功，他们都是运用时间的高手。

德国著名的文学家歌德一生勤奋写作，作品极为丰富，有剧本、诗歌、小说、有游记，一生留下的作品共有 140 多部，其中世界文学瑰宝——诗剧《浮士德》，长达 12111 行。歌德为什么能取得如此惊人的成绩？原因之一就在于他一生非常珍惜时间，把时间看作是自己的最大财产。他在一首诗中这样写道："我的产业多么美，多么广，多么宽！时间是我的财产，我的田地是时间。"歌德是这样说的，也是这样做的。他一生中把一个钟头当 60 分钟用，视时间为生命，从不浪费一分一秒，直到 1832 年 2 月 20 日，这位将近 84 岁的老人在临终前还伏在桌上专心致志地写作。

著名的物理学家爱因斯坦认为，人与人之间的最大区别就在于怎样利用时间。在我们每个人出生时，世界送给我们最好的礼物就是时间。不论对穷人还是富人，这份礼物是如此公平：一天 24 小时，我们每一个人都用它投资来经营自己的生命。有的人很会经营，一分钟变成两分钟，一小时变成两小时，一天变成两天……他用上天赐予的时间做了很多的事，最终换来了成功。

所谓时间就是金钱，时间有时比金钱还要珍贵，珍惜时间就是珍惜生命。孩子能否安排好自己的时间，与他的学习效率有很大的联系。不珍惜时间，无法合理安排时间的孩子往往缺少自我控制的能力，缺乏不断前进的动力。如果父母在早期教育中让孩子养成了良好的时间观念，就等于给了孩子知识、力量、聪明和美好的开端。因为善于利用自己时间的人将会获得高效率的办事结果，也是最能出成绩的人。

孩子的时间观念并不强，他们往往不能按问题的主次和事情的轻重缓急来安排时间，而是凭自己的兴趣来安排时间，结果不但造成了不必要的时间浪费，而且还会影响处理许多事情。

因此，在孩子不善于利用时间时，父母应该运用一定的方法帮助孩子养成合理安排时间的好习惯。

那么，怎样才能培养孩子珍惜时间的好习惯呢？

1. 让孩子正确认识时间的价值

著名的德国无机化学家、诺贝尔奖得主冯·拜尔，在他的自传里曾提到自己小的时候一次难忘的经历。那是在他 10 岁生日的时候，前一天晚上，他躺在床上就高兴地预想着父母一定会送他一份大礼物，并为他热热闹闹地庆祝一番，因为德国人对家人的生日是十分重视的。但是，那天早晨起床以后，父亲还是老样子一吃完早饭就伏案苦读，母亲则带着他到外婆家消磨了一整天。小拜尔就有些不高兴了，细心的母亲发现了，耐心地开导他："在你出生的时候，你爸爸还是个大老粗，所以现在他要和你一样努力读书好参加明天的考试呢！妈妈不想因为庆祝你的生日而耽误爸爸的学习，爸爸在为明天我们的生活能够丰富多彩而尽心尽力呢。你也要学会珍惜时间学习呀！"这番教诲从此就成为拜尔的座右铭，他认为，"10 岁生日时，母亲送给我一份最丰厚的生日礼物！"

让孩子正确认识时间的价值应该注意以下几点：

（1）告诉孩子时间是最宝贵的，不要浪费时间；

（2）告诉孩子时间是永不停留的，应该及时抓住时间；

（3）告诉孩子时间是神圣的，不要故意浪费时间，否则会受到时间的惩罚。

2. 作息有规律

孩子的随意性很强，自我控制能力较差。常常是一边吃饭，一边玩耍；一件事情还没有做完，心里又想着另一件事情；做事总是杂乱无章，缺乏条理。这时候，父母如果不加注意，就会让孩子养成"拖拉"的坏习惯，久而久之，这种坏习惯会根深蒂固。

时间对孩子来说非常抽象，所以他们一般体会不到时间的重要性。但是，父母一定要坚持让孩子养成有规律的作息习惯。良好的作息习惯是养成时间观念的前提。父母可以和孩子一起制订一张作息时间表，什么时间起床，洗漱要多长时间，吃早餐要多少时间，放学后先做什么，然后做什么，几点睡觉等，都可以让孩子做出合理的安排。只有把作息时间固定下来，形成习惯，孩子才能对时间有一个明确的认识，才能养成良好的时间观念。

富兰克林是美国著名的科学家、《独立宣言》的起草人之一。有人问他："您怎么能够做那么多的事情呢？而上帝也不多给您一点儿时间呀！"

"你看一看我的时间表就知道了。"富兰克林答道。他的作息时间表是什么样子的呢？

5点起床，规划一天的事务，并自问："我这一天要做好什么事？"

8点至11点，14点至17点，工作。

12点至13点，阅读、吃午饭。

18点至21点，吃晚饭、谈话、娱乐、回顾一天的工作，并自问："我今天做好了什么事？"朋友劝富兰克林说："天天如此，是不是过于……"

"你热爱生命吗？"富兰克林摆摆手，打断了朋友的谈话，说："那么，别浪费时间，因为时间是组成生命的材料。"

在孩子的作息时间中，学习时间一定要固定下来，父母必须规定孩子在一定的时间内进行学习。中小学生的作业一般需用一个小时左右，周末的作业量会多一些。父母应该事先与孩子商量好做作业时间、中间休息的时间，然后按规定进行。规定孩子在一定的时间内必须学习会使孩子具有一定的紧迫感，集中注意力，从而提高学习效率。

父母一定要注意，在孩子高质量高效率地提前完成学习任务时，千万不可以再追加作业，这样会造成孩子的反感，从而对学习感到厌烦。正确的做法是表扬孩子的高质量学习，并奖励孩子一定的时间来休息和娱乐。

3. 指导孩子按照任务的轻重缓急安排学习顺序

孩子往往分不清自己要做的事情的重要程度，他们的事情往往是由父母和老师来安排的。这是造成孩子不善于利用时间的一大原因。

事实上，只有充分认识到自己要做的事情与自己的关系，才有可能把这些事情都处理好。父母可以指导孩子每天把自己要做的事情按照重要程度和紧迫程度排列顺序，分为以下几类：

第一类是重要而紧迫的事情，如考试、测验；

第二类是紧迫但不重要的事情，如完成家庭作业；

第三类是重要但不紧迫的事情，如提高阅读能力；

第四类是既不重要也不紧迫的事情，如果时间不允许可以不做。

如果孩子能够按照这个顺序来安排学习任务，可以保证把重要的事情都完成，把学习安排得井井有条。

对于读书这种事，应该让孩子明白是最重要而紧迫的。苏联教育家苏霍姆林斯基曾经说过："要学会强迫自己天天读书，不要把今天的工作搁到明天。今天丢弃的东西，明天怎么也补不上了。"

对于玩耍、逛街等事情，父母要教孩子在做这些事情之前，先问问自己："我有必要做这件事吗？""做这件事会花我多少时间？""有没有比这件事更重要的事情需要我去做呢？"通过这种事前思考，可以帮助孩子少做一些不重要的事情，从而提高时间的利用率。

4. 教孩子有效利用黄金时间

每个人都有生物节律，孩子也是如此。孩子常常会有这种感觉：在相同的时间段，心情好的时候学习效率就高，情绪不稳定的时候，学习效率就低；在一天当中，早晨和夜间学习效率高，下午和傍晚学习效率低。可见，孩子的学习往往存在一个最佳学习时机。专家指出，对一个孩子来说，一天内有四段高效的记忆时间：

第一段：早上 6 至 7 点，适合记忆一些新的概念、新的内容。

第二段：上午 8 至 10 点，适合记忆大量基础理论知识。

第三段：下午 7 至 9 点，适合进行综合性知识的记忆。

第四段：晚上 10 至 11 点，适合记忆精确性高、容易出错的知识。

当然，每个人的具体情况又有所不同，有些人早上学习效率高，有些人晚上学习效率高。父母可以让孩子注意观察自己的特点，掌握自己的最佳学习时间，然后把重要的学习内容安排到最佳时间里去学习。

5. 给孩子玩的时间

许多父母认为孩子由于作业做得太慢而没有了玩的时间，因此就不断地催促孩子、埋怨孩子，甚至惩罚孩子更长时间地学习，其实，孩子是因为父母把自己的时间安排得满满的，完全没有自己支配的时间，才会不珍惜时间，才会拖拖拉拉的。在这种没有希望、没完没了的学习过程中，孩子的心态是消极的，没有目标，没有兴趣，往往心烦意乱、错误百出，时间又拖得很长，结果造成恶性循环。

小强期待已久的动画片就要播放了，他怀着无比兴奋的心情坐到了电视机的面前，有趣的片头开始了。这时，爸爸却走过来把电视给关了，并大声呵斥道："就知道看电视，作业还没有做完呢，快去做作业。"

小强无奈地回到了自己的房间，但是，他心里一直惦记着动画片里的人物，根本没有心思做作业。两小时过去了，小强还没有做完作业。爸爸发火了："你看看你，做了两小时还没有做完，是动作慢还是脑子迟钝呀？"

小强愤愤地说："我本来就脑子笨，动作慢的。"爸爸气得要打小强。

事情发展到这种状况，小强的父亲也是有责任的。因此，父母必须给孩子一定的自由支配时间，让孩子去做自己想做的事，注重培养孩子的学习兴趣和主动性。比如，有的家长要求孩子每天放松一小时。在这一小时内，孩子可以玩、听音乐、休息等，不管干什么，家长都不去干涉，等孩子情绪比较稳定和愉快，有了学习的兴趣和主动性时，就会比较愿意开始较长时间的艰苦学习，学习效果也会更加理想。

6. 避免不必要的干扰

法国大文豪雨果在文坛上崭露头角的时候，就经常有人来邀请他赴宴，出于礼节，雨果只得接受，但是，他却为此而浪费了许多能够产生创作灵感的时间。

为了避免这种不必要的干扰，雨果想出一个办法。他把自己的头发剪去一半，又把胡子剃掉。当再有人来请他赴宴的时候，他便对人说："你看我的头发多不雅观，很遗憾我不能去了。"邀请者只好只身返回。等雨果的头发长整齐时，他已经完成了一部伟大的文学作品。对于没有时间观念的孩子，父母要尽量不干扰他的学习，孩子的书桌上尽量不放平日他最感兴趣的非学习用品。家中不要有太多的噪声，要给孩子提供相对安静的学习环境。父母也不要陪读或监督，只需在孩子学习结束后进行检查，一是看孩子是否按规定的时间完成作业，二是看孩子完成的作业的质量如何。如果孩子已经能够在一定的时间内保质保量地完成学习任务，父母就应该及时给予肯定和鼓励，当孩子没有按规定去做时则必须给予应有的惩罚。

7. 教孩子充分利用每一分钟

1914 年的一天，有一位朋友从柏林来看望爱因斯坦。这天，正好下着小雨，在前往爱因斯坦家的路上，朋友看到一个朦胧的人影在桥上慢慢踱步。这个人来回走着，时而低头沉思，时而掏出笔在一个小本上写着什么东西。朋友走近一看，原来是爱因斯坦。

"原来是您呀，您在这儿干什么呢？"朋友高兴地问道。

"哦，我在等一个学生，他说考完试就来。但是，他迟迟没来，一定是考试把他难住了。"爱因斯坦说。

"这不是浪费你的时间吗？"朋友愤愤不平地说道。

"哦，不，我正在想一个问题。事实上，我已经想出了解决问题的办法。"说着，爱因斯坦就把小本子放进了口袋里。

爱因斯坦就是充分利用时间的典型。大人都知道，许多事情是可以同时进行的。但是，对于孩子来说，由于他的时间意识不强，往往每次只做一件事情，这样就浪费了许多时间。因此，父母要教给孩子一些统筹时间的方法，帮助孩子提高时间的利用率。

刚上二年级的儿子最近常向爸爸抱怨时间越来越不够。原来，儿子下午 5 点放学后，从学校到家要坐半小时的公交车，而这中间往往要等上十几二十分钟才能等到车。到家往往是 6 点了，回家后，儿子就需要学习半小时，但是 6:30 有儿子爱看的动画片。7 点吃晚饭，7:30 到 8:30 是孩子的学习时间，8:30，儿子就得睡觉了。这样，孩子实际学习的时间有一个半小时。现在，老师又规定每个学生必须在 7 点收看新闻联播。这样，儿子的时间就更紧张了。

后来，爸爸帮儿子想了一个好办法。爸爸教儿子把当天要记忆的词语或者英语单词制作成小卡片带在口袋里。在公交车站等车的时候，默默地记忆。这样，在等车的十几分钟里，至少有 10 分钟的学习时间。然后，上车后，儿子可以继续在车上记忆词语，这样，又多了至少 20 分钟的学习时间。6 点到家后，爸爸让儿子马上复习当天学过的内容，把老师讲过的内容和做的笔记从头到脚地看一遍。

6:30，儿子又看上了喜欢的动画片。同时，爸爸妈妈争取在 7 点之前做好晚饭，提早开饭。这样，孩子在吃晚饭的同时，可以收看新闻联播。7:00 到 8:30，照样是儿子的学习时间，这部分学习时间主要是用来做当天的作业和预习第二天的内容。

这样，儿子不仅把所有的事情都做完了，而且学习时间又增加半个小时。

8. 教孩子定期检查时间运用

孩子的时间是否浪费了，有时候，他不认真检查是不太清楚的。因此，要想让孩子合理地利用时间，就得让孩子学会检查自己的时间运用状况。

怎么检查呢？

苏联的昆虫学家柳比歇夫是检查时间运用状况的高手，他的方法就是"时间统计法"。柳比歇夫从 26 岁开始，就把平时的研究、阅读、写作、散步、开会、讲课、说话等各项工作所占用的时间一一记录下来。这个时间统计法一直持续到 82 岁，整整 56 年的时间里，柳比歇夫从没间断过统计。

时间统计的目的当然是有效利用时间。柳比歇夫每天对自己记录下来的时间运用情况进行小结，每个月进行一次大结，每年再进行一次总结。在总结的过程当中，柳比歇夫能够及时发现自己的时间用到什么地方去了。这帮助柳比歇夫清楚地认识到了自己各项工作的开展情况。这种时间统计法使柳比歇夫有充足的时间写出了 70 多部学术著作以及许多论文。

在日常生活当中，父母可以要求孩子每天把自己的时间运用情况记在日记本上，每月分析自己时间运用的规律，找出浪费时间的地方。这样，可以帮助孩子减少时间浪费。

另一种方法是，父母让孩子先对自己每天要做的事情制订一个计划，在晚上再对自己的计划进行总结，看哪些做到了，哪些没做到。为什么会没有做到，是不是哪里浪费了时间。然后，教孩子减少时间的浪费，每天按计划完成任务。

第五章
培养孩子的创新能力

一、引导孩子学会怀疑，善于质疑

天真好奇是孩子的天性，他们的脑子里常常会出现许多"为什么"，这就是质疑。巴甫洛夫说过："质疑，是发现的设想，是探究的动力，是创新的前提。"妈妈在培养孩子创新能力的过程中，特别要保护和发展孩子的想象力，善待孩子的质疑。

明代一位学者曾说："学贵有疑，小疑则小进，大疑则大进。"孩子的质疑精神是他们求知欲的表现，是他们主动参与、自觉学习、积极探寻的生动体现。有了疑问，才能有思考，才能有探索的动力和创新的能力。

孩子其实生性就是多疑的，因为他们对现实世界的认知很有限，对身边的一切新鲜事物都感到好奇，因此求知欲也强，爱问这问那。针对孩子的这种好奇心，妈妈应该因势利导、不失时机地给予正确的引导和培养。要知道，正是因为孩子有这种不断质疑的态度，才让他们有动力去探索和创新，这也是孩子获得知识、增长智慧的第一步。

正如大文学家巴尔扎克所说："生活的智慧大概就在于逢事都问个为什么。"

喜欢质疑的孩子总是能够取得成就的。著名的数学家希尔伯特就是这样一个例子。

质疑是创新思维的源泉。对于一切知识总是不经思考就全盘接受，把自己的大脑作为装知识的篓子，这样的孩子是无法独立思考的。因此，妈妈应该引导孩子学会怀疑、学会质疑，对孩子的质疑应该持鼓励的态度。有些妈妈认为，孩子提出疑问是故意刁难自己；有些妈妈出于保护自己的自尊，竟然一口回绝了孩子的提问，甚至训斥、恐吓孩子。这其实是非常不明智的。

"质疑"是打开智慧宝库的"金钥匙"，"质疑"是使孩子由被动变主动的"舵手"。那么如何培养孩子学会质疑呢？

1. 鼓励孩子起疑

孩子能不断地提出问题，是多思、好学、求知、创新的具体表现，妈妈应对此予以鼓励。平时可以帮孩子搜集一些有关质疑的名言和名人事例，以此来启迪、鼓励孩子质疑。如宋代的哲学家、教育家张载曾经说过："在可疑而不疑者，不曾学；学则须疑。"要孩子充分认识"疑"是学习的需要，是思维的开端，是创新的基础，它对我们的学习非常重要。只有疑才能使人们的智慧之树开出艳丽的花，结出丰硕的果。

2. 引导孩子学会质疑

孩子的小脑袋里总是藏满了问题，当他们皱着眉头，一脸急切地来问"为什么"时，父母自然的反应就是尽力给他们答案。如果父母能够尝试一下：找到孩子感兴趣的话题，忍住告诉孩子答案的冲动，在孩子的"为什么"之后，随即把问题反问回来："这真是个好主意，你觉得呢？"你会发现，这种引导孩子学会质疑的反问，会使孩子的小脑瓜开始运转起来，他完全被他自己提出的问题所吸引，饶有兴趣地跟你讨论，甚至在讨论结束后兴致仍然高涨。

3. 认真给孩子答疑

我们都知道，好奇、探索是孩子的天性，然而，很多父母却又似乎不太了解这一点。当孩子发问时，她们常常不耐烦地说："就你的话多"、"自己去玩，别烦我！"有的父母回答不出孩子提出的问题，便以诸如"快点吃饭吧"之类的话来搪塞敷衍。她们不知道就是这么一句不经意的话，也许从此就"枪杀"了孩子的好奇心，埋葬了他们敢于质疑的勇气，并导致孩子以后羞于开口。

当然，父母不可能知道每一个问题的答案。对于孩子所提出的较深奥的问题，父母不知道怎么回答，或者有些问题的答案可能不健康，或不便于直接告诉孩子，应该怎么办呢？遇到这种情况，也要正确处理。最好的办法就是引导孩子看书，可以谦虚地告诉孩子："你提的问题真好，但这个问题我也不懂，等父母查完书再回答你，或者你自己查书找答案，好吗？"当然，父母最好亲自与孩子一起去找答案，这表明了父母对孩子疑问的重视，也是对孩子的一种鼓励，提高了孩子提问题的兴趣。

二、保持孩子强烈的好奇心

每个孩子的个性可能千差万别，但是有好奇心却是孩子与生俱来的共性。他们喜欢东看看、西摸摸，甚至喜欢拆开玩具看看究竟，往往越聪明的孩子，好奇心越强。好奇心是一种宝贵的品质，表现了孩子的认知欲和探究欲，也是创造性思维的开始和萌芽。

好奇心是人对新鲜事物进行探索的一种心理倾向，它是推动人积极地去观察世界、认识世界的内部动因。孩子天生就具有好奇心，他们对周围世界中所有未知的事物都充满探究的欲望，他们希望探究清楚每一种事物中深藏的奥秘。孩子的好奇心异常宝贵，它是推动孩子获取新知识的主要动力，也是他们养成积极进取性格的动力。

孩子在 5 岁以前是好奇心最强烈的时期，也是学习能力、吸收外界知识信息的能力最强的时候。在这一时期，对于孩子的好奇心，如果父母引导得好，它就会成为孩子探索和成长的强大动力，会成为他们以后学习、工作或研究兴趣的起点，成为他们事业成功的起点。

好奇心能引发孩子的求知欲，是推动孩子主动学习、探求知识的内在驱动力。未来社会是一个充满不确定性、多元化的社会，我们的孩子也将会面临复杂的竞争环境。这就需要他们用超群的想象力、大胆的探索精神去解决问题。而所有勇于实践的行为，都源于他们的好奇心和丰富的心灵底蕴。

有一位儿童教育家说："好奇心可以被父母的无知摧毁，也可以被父母的爱心培养出来。"因此，父母一定要保护好孩子的好奇心，这对于培养他们探索创新的精神、对于他们的健康成长都是至关重要的。为此，父母要努力做到以下几点：

1. 认真对待孩子提出的各种问题。

不管孩子的问题多么幼稚可笑、多么"肤浅无知"，父母都不要简单地拒绝或敷衍他们的提问。因为孩子对每一个问题的解决，都代表着他们向未知世界的成功探索迈进了一步。对于孩子提出的各种问题，父母都应该给予他们满意的回答，这样可以较好地保护他们提问的积极性、保护他们的好奇心。如果父母回答不出来，就带孩子一起去寻找答案，引导他们通过读书、上网或问老师获知答案。

2. 父母应多问孩子"为什么"

由于孩子的大脑还没有发育完全，思想不够敏感和活跃，所以，常常会对某些新鲜事物视而不见。父母平时要多问孩子"为什么？"比如在公园，可以问他"风筝为什么能飞起来？"到了冬天，问他"羽绒服为什么能保暖？"当孩子在父母的牵引下，看见任何事物都要问"为什么"时，他一生都会养成思考和探索的习惯。

3. 让孩子多动手

父母应该让孩子多动手，在自由的空间里随性地创造，以激发孩子的好奇心。

有一天，牛牛对家里的几台拼装四驱车产生了兴趣，他很想知道，为什么有的四驱车跑得快，而有的跑得慢？咨询后才知道，汽车跑得快与慢，全由发动机决定。于是，父母鼓励牛牛自己改装发动机。他抠抠弄弄地搞坏了几台，越弄问题越多，父母为此花了不少钱，但牛牛最终还是改装成功了，他也因此对机械知识产生了浓厚的兴趣。

所以，在日常生活中，父母应放开手脚，让孩子在实物操作中，激发好奇心。因为探索的快感，总是存在于感性的过程中。

总之，好奇心是孩子最强烈的心理活动。一个孩子是否具备好奇心，往往表示其思维是否活跃，心灵世界是否敏感和丰富。所以，父母们要从生活的各个环节入手，培养孩子无处不在的好奇心。

三、孩子"犯错"不可怕

孩子是稚嫩的，不成熟的，容易犯错误的，他们成长的过程其实就是不断犯错误的过程，也正是不断改正错误、掌握方法的过程。如果一个孩子怀揣着一颗好奇心去看待、感受世界，并且他还具备一定的探索能力以及动手能力，那么他一定会犯错。而正因为好奇心所导致的犯错，才让孩子对世界有了更加深入的了解和把握，从而在心理和智力上逐渐走向成熟和完善。

反之，如果孩子在成长的过程中从来不犯错，那么后果就会像有人断言的那样："从不犯错的孩子智力发展一定会受到限制。"尽管许多家长通常以"听话"作为评价"好孩子"的标准，但快速发展的科学和时代，往往更加青睐和呼唤那些不时"调皮捣蛋、到处闯祸"的"淘气孩子"。罗素就曾这样说："任何一个从事少年教育工作的人，到最后都会比较喜欢有时做点坏事、捣蛋的孩子，而比较不喜欢一直好孩子的孩子。"

一位中国人去一位美国老师家做客，无意中看见老师不满三岁的孩子拿着一把钥匙，动作笨拙地试着插进锁孔中，想打开卧室的门。可怎么也插不进、打不开。这位中国客人想过去帮他一下，却被美国老师阻止了。美国老师说："让他自己先犯错误吧，琢磨一会儿总能把门打开，这样他就不会忘记这门应该是怎样打开的！"果然，那孩子折腾了很长时间后，终于如愿以偿。他欣喜地大拍其手，其兴高采烈的心情绝非大人帮他开门所能具有。

在生活、学习中，假如妈妈不给孩子"犯错"的机会，轻易地帮他"开门"，不但剥夺了孩子寻求正确"开门"方法的乐趣，更会使他们变得懒于动手，疏于尝试，习惯依赖父母、老师，以至于泯灭天性，永远不会自主、自强。

爱迪生小时候是出了名的"捣蛋鬼"。他曾把一个实验室炸毁；曾坐在几个鸡蛋的上面学着母鸡的样子孵小鸡；曾把一种叫作"沸腾散"的泻药让邻居家的小孩吃下去，以为这样会让那个小孩的肚子里就能像沸腾的水一样冒气，并且有了气以后他就会像气球一样飞到天上了，结果差点闹出人命……小时候的爱迪生诸如此类的"犯错"行为数不胜数，直到他长大后依然如此。

现在，无论你是否能认可"让孩子犯错"这种教育观念，至少希望你能以一种宽容、平和的心态去面对孩子的错；至少应该知道孩子偶尔因好奇心犯下的错并不可怕，值得原谅。我国著名教育家陶行知先生有这样一句令人耳熟能详的名言："在你的嘲笑里有爱迪生，在你的责骂中有爱因斯坦，在你的教鞭下有牛顿。"

法国作家罗曼·罗兰说："人生应当做点错事。做错事，就是长见识。"

意大利的朗跟尼西也说过："不要给我忠告，让我自己去犯错。"

一个人怕犯错，就是畏惧现实；一个人想逃避犯错，就是逃避现实。一个教育者不允许孩子犯错，就是不允许孩子成长。人类历史上，一个成功者所犯的错误往往要比失败者多得多。

四、帮孩子克服骄傲自满

在生活或学习中，有的父母看到自己孩子接受能力较强，成绩也挺不错的，就不由自主地对孩子进行表扬、夸奖。可孩子大多却经不起这种赞誉，很快地骄傲自满起来，他们意识不到自身的不足，也无法接受别人善意的劝告。

一个看不起别人、目中无人的孩子，在他与外界之间，永远都会存在着一道无形的"城墙"。他们大多数时间是生活在自己的世界里。这对一个孩子的成长来说是十分不利的。这些骄傲自满的孩子自然有着他们所骄傲的优点，而且其中还不乏非常优秀的孩子。然而，正是他们的"自负"、故步自封，才使得他们变得狭隘、自私，可自己却全然不知。

艾伦是一个十分聪明的孩子，尤其在音乐方面表现出极大的天赋，被人们称为"音乐天才"。于是艾伦的父母就请来最好的音乐老师教他，而他也确实算是音乐方面的天才了，学得很快。音乐老师对他充满了希望，付出很多的心血教他。

在艾伦7岁的时候就举办了个人的音乐会。当时大家都认为他以后会成为伟大的音乐家，而艾伦的父母也是深信不疑，于是在人前人后处处炫耀自己儿子的天赋。而大家见到他也是大大地夸赞，夸他是天才，将来是个了不起的音乐家。

艾伦在别人的夸赞声中越来越骄傲，慢慢觉得自己的才能无人能比。最后连音乐老师也不放在眼里了，当老师指出他的不足之处的时候，他根本不把老师的话放在眼里，反而嘲笑老师。于是音乐老师一怒之下走了，走的时候他说了一句话："我一直以为你可以成为一个伟大的音乐家，但我想我是看错了。"

事实也确实如此，后来艾伦变得越来越不可一世，把任何老师都不放在眼里，随意改动大师的著作，还说大师也不过如此。不过后来他自己没有写出任何有价值的作品，甚至连最平庸的都没有。于是他抱怨世道不公。怀才不遇，整天怨天尤人。

最后，艾伦变成了一个酒鬼，手指僵硬，连最基础的曲子都弹不了了。一个神童就这样被毁了。毁在哪里呢？毁在他的骄傲自满、固步自封。

孩子出现骄傲自满、固步自封的性格弱点，往往都是因为过高地估计了自己，只看到自己的长处，看不到自己的短处，以自我为中心。对待孩子的这种行为，父母应该如何教育呢？

1. 父母应该让孩子学会正确地评价自己

既认识到自己的优点，又看到自己的缺点。即使你的孩子再优秀，他也总有不足的地方，因此父母不要因溺爱孩子而对他不切实际地吹捧赞扬，尤其是在孩子做错事时，更要给孩子适当的批评。

2. 父母要沉着对待，改变自己的观念，反思自己的行为

现在的普遍情形是，孩子考试或表现得好，往往是孩子喜笑颜开，家长眉开眼笑；而反之，则是孩子垂头丧气，家长冷眼相对。因此，家长应该从改变自身态度做起，认识到孩子现在的小成就，不等于将来的成功；暂时的失败，也不是永久的失败。家长让孩子在成功时刻保持冷静，让沉着的孩子取得更大的成功。

3. 父母可以给孩子创造一些遭遇挫折的机会

孩子适当地经历一些挫折可使其心理机制健全，不至于过分自负，经受不住任何打击。你可以交给他一些较难的事去做，如果孩子没有完成任务，你要帮他分析一下原因，使他看到自己的不足。当孩子看到外面纷繁复杂的世界，接触到比自己更优秀、更具专长的人时，就会认识到"强中还有强中手"，就不会为自己的一点点小成绩而自负了。

4. 父母也要适当鼓励孩子的表现，适当满足孩子的虚荣心

给孩子些真诚的鼓励，往往会取得事半功倍的效果，让孩子的努力得到回报，这样可以培养孩子的上进心，大大增强孩子的自信心。自然，家长要把握好火候，适时、适度地把孩子从喜悦中"拽"出来，帮他恢复常态，防止其"脱轨"。父母要使孩子懂得，如果被暂时的胜利冲昏头脑，会"翻船"的，也会像龟兔赛跑中那只骄傲的小白兔永远落后于小乌龟。

5. 明确生活和学习方向

父母应该在肯定孩子成功的同时，理性指出其缺点所在，明确生活和学习的方向。如哪个地方做得不到位，哪些功课有薄弱环节需要补补，如何用更好的方式尝试。让孩子在成功的同时，更好地克服困难。

6. 让孩子发挥特长，从中找到乐趣

因为高傲自负的孩子一般情况下能量都比较强，他们这些能量如果找到了一些适当的地方"燃烧"，一定能让孩子在其中找到乐趣，在帮助别人的过程中提

高自己，同时还能感受到帮助别人的快乐，从而更乐意帮助别人，从中体会到学无止境的真理。

五、培养孩子灵活应变

　　在如今科技、经济等迅速发展的社会里，一个人的应变能力显得尤其重要。没有应变能力，只守着满腹的死知识是跟不上时代潮流的。所以，妈妈想让孩子在未来社会中获得工作上的巨大收益，就需要培养他们灵活应变的性格，让他们成为新时代的"变色龙"。事实上，目前许多企业在招聘员工的时候，都强调必须具备出色的应变能力，因为这样才能在未来工作环境中对外界信息做出有效的反应，做到独当一面。

　　灵活应变是指能够因应各种环境及状况而做适当的调适，同时还能充分掌握自我，沉着而不失理智。这是孩子处理困难和挫折的重要能力。培养应变能力，随时准备行动，把握机会或解决问题，可以帮助孩子变得更加果断。

　　小梅今年刚刚四岁，别看她的年龄不大，遇事却总能随机应变，不慌不忙。

　　有一次，小梅与妈妈正在院子里玩，看见邻居家一个比她大的女孩哭着朝自己家跑来，小梅经常与这个女孩玩，她赶忙迎上去，那个女孩说她妈妈要打她，说完就跑进里屋藏了起来。正在这时，那个女孩的妈妈手里拿着一把笤帚进了院子，问小梅的妈妈看到她闺女没有。小梅的妈妈刚要说话，小梅忙把话接了过来："去那边了。"小梅指着相反的方向说。那个女孩的妈妈就走了，小女孩免了一顿揍。后来还向小梅道谢呢。

　　小梅遇事的应变能力很好，这和平时妈妈的培养不无关系。如果妈妈平时只注重孩子的成绩，而没有从多方面各角度地对孩子进行培养，那就是对孩子不负责的表现，也对孩子将来的发展不利。都说孩子是妈妈的"心头肉"，是家庭的未来和希望，妈妈总是竭尽全力为孩子遮风挡雨，希望给孩子营造一个美好的成长环境。可是生活中有不少妈妈只是片面地追求孩子的智力发展，而忽视了培养孩子灵活应变的性格，平时在家里总是对孩子百依百顺，凡事包办，造成孩子依赖性大，应变能力不强，遇到问题只能等待家长或老师帮助解决。这样的孩子，往往对潜在的危险浑然不觉，如果面对突发事件，也只会束手无策、坐以待毙。

周末，雪儿和妈妈一起逛街，逛着逛着就走散了。雪儿心里害怕急了，躲在商场一角放声大哭，商场保安和过路的人问她话，她却什么也不说，只是一直哭着叫妈妈。幸好妈妈也没走多远，看到那么多人围观，还听到了雪儿的哭声，就找了过来。

雪儿对突发事件的应变能力就比较差，幸亏她是在商场上和妈妈走散，要是在大马路或者巷子里走散，那后果就可能很糟糕。如果运气好被好心人送到派出所，可她又不愿意开口，那么找起来也挺费劲；要是运气不好被坏人拐走，一时走散可能就变成了一辈子的失散。

只有一个具有较强的应变能力的孩子，在遭到任何紧急情况的时候，才会将损失降到最低程度，争取到最好的结果。那么在日常生活中，妈妈应该如何培养孩子灵活应变呢？

1. 培养孩子适应周围环境变化的能力

妈妈应该让孩子知道早晚气温不同，应该注意保暖；应该知道出门要带什么东西；应该知道不同的地方可能会发生什么情况等。

2. 培养孩子适应自身生理或心理变化的能力

所说的变化包括：身体的某个部位不舒服能及时告诉成人；心里有烦恼时，知道向父母或知心伙伴倾诉。

3. 培养孩子对不同事物做出不同反应的能力

比如要相信他人，但是，对于陌生人，或者心存不良的人又要采取提防的心理；如果父母生病了应该怎么办，老人生病了应该怎么办，等等。这些都要教孩子去判断。

4. 培养孩子对突如其来事件的应变能力

比如遇到突然停电时，怎样去点蜡烛、开手电筒；遇到陌生人问路，应该怎样避免被骗；遇到煤气泄漏怎样去控制；着火了知道用灭火器浇灭，迅速转移易燃品等。

5. 让孩子多参加一些具有挑战性的活动

妈妈应该有意识地让孩子去做一些有难度的事情，或者参与富有挑战性的活动中去，这样孩子在实际的操作中，通过自己积极思维，动手实践，应变能力就会在不知不觉中得到锻炼与加强。

六、对孩子"破坏力"给予赞赏

很多妈妈常常抱怨说："我家的孩子简直就是个破坏大王，什么东西到他手里立刻变成废品，弄得家里都不敢随便放东西。好像孩子根本就不知道珍惜，难道破坏东西让他很高兴吗？真不知道孩子的心里是怎么想的。"

生活中，许多孩子都喜欢拆拆卸卸家里的小物件和自己的玩具，这经常让妈妈感到头疼，有时还可能会因此而批评孩子。其实，孩子爱搞"破坏"属天性，而且孩子喜欢"破坏"也是创造力萌芽的一种体现。他们对身边的各种陌生事物都充满了新鲜感和探索欲，因此如果家长能合理利用孩子的这种天性，多方引导、鼓励，将有利于孩子大脑发展及日后处事能力的提高，更重要的是能从小培养孩子浓厚的求知欲望和创造激情，为其今后的成长奠定基础。

"破坏"是孩子成长发育过程中常会出现的现象，虽然每个孩子所展现出来的"破坏"状况、程度不相同，但每一次"破坏"行为的背后，一定都有一个"真相"。

一天，张女士下班回家，发现鱼缸里的金鱼全部"遇难"了。张女士气愤地向家人询问，最终才弄明白怎么回事。原来，张女士的儿子小凯将半杯牛奶倒进了鱼缸里，导致小鱼全部死掉了。

张女士感到十分气愤，这可是她托朋友从国外买回来的名贵观赏鱼，如今竟然被儿子弄死了。张女士拎过儿子要讯问，吓得小凯使劲往爸爸怀里钻。这时，小凯的爸爸劝开了张女士，悄悄地问儿子："小凯，你能告诉爸爸为什么要往鱼缸里倒牛奶吗？"

小凯怯怯地回答："你们大人不是天天都说牛奶最有营养嘛，小孩子多喝牛奶可以使身体长得棒！我也想让咱们家的鱼长得棒一点，所以就把自己的牛奶分给它们喝了。"

张女士听了小凯的话，立即意识到了自己的错误，赶紧搂过小凯说："原来是妈妈错怪小凯了。"

爸爸笑着说："你看看，儿子多有想象力啊！为了让咱家的鱼长得更棒一些，都舍得把自己的牛奶分给鱼喝呢……"

第二天，爸爸为了让小凯明白观赏鱼是不喜欢喝牛奶的，特意给小凯买了几条小鱼一起做实验。小鱼在有牛奶的水里不爱活动了，可一换了干净的清水，鱼儿便开始快乐地游动起来。在实验中，小凯亲自感受到了观赏鱼是不爱喝牛奶的。

一次原本具有破坏性的活动，最终增长了孩子的知识和见识。小凯的爸爸认为："儿子虽然弄死了几条值钱的金鱼，但他却从中学到了新的常识，丰富了生活经验，这些都是他今后生活中的财富，难能可贵。在小凯的'破坏'活动中，他学会了思考，增长了智慧，我们都为儿子的进步感到高兴！"

有人说，孩子天生就是个创造者，因为他们活泼好动，不被各种规矩所牵制，敢于打破常规，不按照成人的模式去思考，所以他们也常常能创造出与众不同的奇迹来。然而，随着孩子年龄的增长，他们的创造天赋也在一天天减少。原因主要在于，很多孩子的创造力被循规蹈矩的妈妈在不知不觉中扼杀掉了。对妈妈而言，"听话"的孩子才是家长希望的，"听话"才是孩子应该最先学会的本领。对此，我们不能不说这是妈妈在教育孩子过程中的一大悲哀。对于孩子"破坏力"，妈妈首先要对孩子有宽容的心态，因为破坏的过程就是个学习的过程。不要严厉地批评孩子，也千万不要说"不许再把玩具拆了，不然下次就不给你买了"等这样警告和威胁的话。因为妈妈的批评和威胁很可能会扼杀孩子可贵的探索精神。

妈妈在认可孩子的"破坏力"之余，还要有意识地创造条件，引导孩子思考。在日常生活中，妈妈要多提些问题让孩子去猜、去想，比如，闹钟滴滴答答地走，妈妈可以问，闹钟为什么会响，为什么会走呢？皮球为什么一拍就跳很高，如果把气放了，还能跳那么高吗？要在问题提出后，主动带领孩子从"破坏"中寻找答案。

伟大的发明家爱迪生曾说过：善于创造的人，往往具有一个奔驰的脑筋。给孩子一片"破坏"的天空，孩子"破坏"失去的只是可估量的价值，而得到的却是孩子一生受用不尽的财富：思考、创造和智慧。

七、让孩子大胆尝试

虽然现在大多孩子都很活泼，很外向。但是也有许多孩子比较内向，做事畏首畏尾，集体活动不敢参与，讨论不敢发言，老师提问也不敢回答。这样的孩子往往会因胆小而失去开拓进取的魄力。

在漫长的历史发展过程中，人类经历了由丛林到平原、从狩猎种植到机器生产的开拓创新阶段，每一次社会文明进步都是以生产方式的创新为根基的。同样的道理，孩子的发展也要秉承与时俱进的理念，在以后的工作中不断拓展新境界。这就要求妈妈应鼓励孩子大胆尝试，迈出尝试的步伐，也只有这样，孩子未来的路才能走得越来越快，越来越好！

小奥妮3岁的时候，第一次学习扣自己衣服上的那一排扣子。可是由于小手过于笨拙，不是扣错了，便是老也扣不上。此时，一边的妈妈没有显出一丁点儿不耐烦，也没有上前取而代之，而是耐心地等候。小奥妮终于把最后一颗扣子扣好了，一看时间，足足花了一刻钟。但做妈妈的仍然感到这点时间花得值得，因为这毕竟是女儿第一次学扣扣子呀！

小奥妮5岁的时候，已经学会了整理自己的床铺，折叠自己的衣服，甚至可以帮着妈妈洗菜了。不过以大人的目光来看，小奥妮做家务的"质量"自然还不够理想。但无论是爸爸还是妈妈，都尽量放开手脚让她大胆尝试。在婉转地指出她的不足的同时，更多的是对她所取得进步的充分肯定。

生活已经告诉人们，任何成功都离不开尝试，而且不妨多试几次。从古至今，一切的成功都来源于勇敢尝试，有胆量去尝试是成功的基石。居里夫人由于敢尝试，发现了镭；牛顿由于敢尝试，发现了牛顿定律。做任何事都有第一次，但并不是每次都会成功。只要敢于尝试，什么事都会有转机。因此，妈妈应该从小培养孩子"敢"字当头的勇气，鼓励孩子勇敢地去做事、勇敢地去尝试。一个什么都不敢去尝试的孩子，不会有多大的出息。那么，妈妈应该如何培养孩子大胆尝试的性格呢？

1. 鼓励孩子多尝试，多体验

孩子喜欢玩弄东西，一粒石子、一张纸片，这都是他们最好的玩具。他们拿着石子敲一敲、按一按，会知道石子是坚硬的；他们拿着纸片挥一挥、折一折，就会知道纸片是比石子柔软的。他们在这种尝试中得到许多生活常识，增长了许多知识和经验，为以后的发明以及创造奠定了基础。所以，妈妈应该鼓励孩子大胆尝试，不要总是用保护的语言限制他们的活动。想让孩子有所创造，妈妈必须给他们大胆尝试的机会，并赞赏地说："这真是一件令人愉快的事！"事实上，在孩子成长道路上，有很多第一次，如果家长不让孩子尝试，那么孩子永远长不大。在孩子尝试过程中，才会获得成功的快乐和生活的体验。

2. 教孩子不要被定势的思维束缚

在心理学上，定势思维是指人们在思考问题时，一直按照同一种方式来思考、理解、记忆问题，久而久之，就在思考问题时形成一种习惯，使人只想到一个方面，形成思想上所谓的"偏见"。所有的事情只有在尝试过后，才能得以验证。不尝试，只按照定势的思维思考问题，是不会获得成功的。因此，妈妈要鼓励孩子放开顾忌，自己去大胆尝试，唯有如此，孩子才有可能获得成功。

3. 为孩子提供尝试的机会

在做游戏、玩玩具、做手工、参加竞赛及做家务等活动中，要给孩子提供尝试的机会并适当引导，让孩子通过自己的努力品尝到胜利的喜悦。比如，当孩子跃跃欲试想帮妈妈洗碗时，不要嫌麻烦，或是怕他打碎碗而拒绝，不妨为他搬个高度适中的凳子，为他戴上围裙、套袖，告诉他怎样轻拿轻放，怎样冲洗干净。当孩子洗好一个碗时，大声夸赞他干得真棒，孩子会很快乐，对自己的能力充满自信。

4. 孩子尝试失败的时候要及时开导

孩子尝试的过程不会一帆风顺，他们会经历失败，妈妈要做的是在孩子失败的时候给予支持。比如孩子想试着自己剥蛋壳，结果，把鸡蛋都捏碎了，你可鼓励他："不错，下次会更好的。"切忌在孩子失败的时候讽刺、挖苦孩子，那会把孩子探索的热情熄灭掉；也不要在孩子失败的时候怜悯他，那会使他丧失克服困难的勇气。

5. 帮孩子树立坚定的信心

"天才不过是百分之一的灵感，再加上百分之九十九的汗水。"孩子大胆尝试和创新需要付出艰辛的努力，特别是从事自己没有进行过的"工作"，面对失败是必不可少的。妈妈要做的就是帮孩子树立坚定的信心，迎接艰苦的挑战。

6. 赞美是必要的

妈妈还要对孩子尝试过程中表现出的创造力予以赞赏。比如孩子拿西瓜皮当帽子，拿手电筒当话筒，钻进纸皮箱里玩"坦克大战"等，这些都是孩子创造力的萌芽，不但要表现出你的欣赏，还要表现出你有极大的兴趣来了解他是怎么做的。你的鼓励会使孩子继续创造、乐于创新。

八、教育孩子与人愉快合作

"一个人只是单翼天使。两个人抱在一起才能展翅高飞。"如今的时代是竞争的时代，是"优胜劣汰"的时代，同时也是合作的时代，与人合作的能力已成为当今世界人才的重要素质之一。

可是，现在的孩子大多都是独生子女，他们常常以"自我"为中心。如果这种"自我"意识不断内化，很可能会形成自私、固执等不良的性格，而这些将成为孩子成长的绊脚石。欧洲著名的心理分析家阿德勒说："如果一个孩子未曾学会合作之道，他必定会走向孤僻之途，并产生牢固的自卑情绪，严重影响他一生的发展。"

在学校里，强强的足球踢得非常好，但是一直没有被教练选进校队，原因是强强在球场上喜欢搞个人主义，他觉得自己很厉害，每次都不会传球给队友，而是直接自己进行进攻。他是个缺乏合作精神的球员，教练说不敢把他编入校队，因为足球这个运动是讲究合作的，每个队员都要有合作的精神方能取得胜利。

其实，我们的生活也像一场足球比赛。日常生活中，有许多事情必须要两个或两个以上的人一起合作才能完成，只靠一个人的力量是无法做到的。因此，妈妈应该重视培养孩子与人合作的性格。因为只有懂得与人合作的人，才有立足的空间；只有善于合作的人，才能赢得发展。

当然，合作不是一般意义上的人际交往，而是为了一个共同的目标结成的互助互利的双赢关系。一般来说，有交往与合作习惯的人，在心理学上被认为是外向的人。外向的人往往能够自觉地与人交流，做事的时候也喜欢询问他人，获得他人的帮助。但是，外向的性格并不是天生的，这种性格是可以后天培养的。

那么，父母应该怎样培养孩子与人合作的品质呢？

1. 让孩子懂得与人合作的重要性

在日常生活中，有许多事情必须要两个或两个以上的人一起合作才能完成，只靠一个人的力量是无法做到的。父母可以利用某种机会让孩子体验一下个人无法完成的挫折感，从而懂得与人合作的重要性。

2. 让孩子与同伴交往

让孩子有足够的时间与同伴在一起，他们可以一起交谈，一起分享玩具，一起做游戏，一起出去玩耍，一起做作业。父母要知道，孩子们应当有他们自己的生活，这种生活是成人社会无法取代的。如果孩子不喜欢与别的孩子交往，父母就更要有意识地鼓励他（她）与同伴接触、交往。如果父母和老师因为怕孩子学坏，而过多地干涉，甚至禁止他们的交往，那就无异于因噎废食，因为这种交往是孩子获得合作的能力与情感体验的最基本的条件，它有利于养成合群性，消除孩子执拗或孤僻的倾向。

3. 鼓励孩子在平等的原则上交友

在孩子交友的过程，父母应该教育他们信赖朋友，珍惜友谊，不要轻易地怀疑、怨恨、敌视他人，不允许无故欺侮弱者。

4. 给孩子创造一种良好的家庭气氛

如果一个孩子生活在一个整天争吵不休的家庭，是很难让他具有和谐的人际关系的。父母一定要把家庭成员之间的关系处理得恰当、合理。对邻居、对来客都要热情、平等、谦虚、有礼貌。这样，孩子就会以父母为楷模，逐步养成尊重别人、爱护别人的良好品德。

5. 培养孩子做一个让人信赖的人

人与人之间只有互相信赖，才能互相合作。而要能够让别人信赖，就要努力使自己成为一个可以让人信赖的人。为了做到这一点，妈妈应该教育孩子遇事先为别人着想，为人处世要讲信用，做到言必信，行必果。

6. 让孩子融入到集体活动中

有一些孩子常常会"以自我为中心"，这些孩子会很难融入集体的生活中，也很难和同龄的小伙伴和睦相处。但是，当他们碰了几次钉子之后，就会慢慢地改变了这种"以自我为中心"的行为。可能是因为在经历了几次碰钉子的事情后，意识到了在集体活动中一定要想到别人。所以，父母要让孩子多参加一些集体的活动，这样会让孩子在活动中获得与他人相处的经验，在以后和别人的合作中孩子才不至于犯"以自我为中心"的错误。

九、让孩子成为生活的调味师

父母们仔细观察一下身边的孩子，就会发现"喜新厌旧"是每个孩子固有的一种心理状态。由于每个孩子的成长环境不同，个人的性格不同，他们有的喜欢新鲜的蔬菜水果，有的喜欢新鲜的空气，有的喜欢新潮的服装，有的喜欢新奇的表演……对于生活，孩子也喜欢花样翻新的内容，而对终日一成不变的生活方式感到厌倦。为此，父母应该培养孩子时刻让生活保鲜的性格。

许多父母可能都有这样的体会，学习或工作一段时间后，原有的兴奋感就会降低，甚至产生厌倦情绪，即使自己如何努力也无济于事。在生活上，对终日固定的生活内容提不起精神来，总是希望开创一种全新的生活方式。可是现实生活中，许多人都在重复一成不变的生活方式：早晨 6 点起床，然后烧饭、买点心，接着催促孩子起床吃早饭、送孩子上学，到公司上班，下午5点下班，6点回家烧饭、用餐，看电视、看书、睡觉。没有了生活的新鲜感，使许多人陷入了生活的困境之中。

其实，不光成年人这样，孩子的生活也是如此。他们每天早早地起床，吃饭，然后去学校；每天坐在教室里学习功课，背诵英语单词或者运算法则；每天放学回家都有一大堆的家庭作业等着他们，好不容易有个周末，还得去上补习班……面对这种情形，就需要孩子大胆尝试，勇于创新，让自己的生活五彩缤纷转动起来，并且时刻保持新鲜感。

5岁的安妮是个性格内向的小姑娘，出生在美国，父母分别是斯里兰卡和意大利移民。安妮的爸爸妈妈都在银行工作，是个典型的美国中产阶级家庭。也许是受父母的亚欧遗传基因影响，她虽然长着一副欧洲人的面孔，却有一头黑发，肤色也略带黝黑。

在上幼儿园之前，安妮的生活十分单调，爸爸妈妈忙于工作。便请了一位女佣来照顾她。安妮每天只能一个人在房间里玩，她唯一的朋友是一只叫作安迪的小狗。后来安妮上幼儿园了，这是她全新生活的开始。由于幼儿园的生活丰富多彩，安妮的性格渐渐变得活泼起来了。有时从幼儿园大门一出来，安妮就兴冲冲地向妈妈讲起幼儿园的见闻。安妮说，幼儿园的老师让小朋友把春夏秋冬四个季节画出来，每个小朋友都画得很认真，颜色搭配得很丰富，老师还夸安妮画得特别好！下午，老师还让小朋友亲手栽培植物。每个花盆上贴一张标签，记录植物的种植日期、名称及主人的名字……安妮兴高采烈地说着，全新的生活就像童话里的彩虹一样五彩斑斓。

有些孩子的生活永远是新鲜有趣的，他们好动，闲不住，要么做游戏，要么有人陪他们玩，否则就没意思了。他们的好奇心很强，只要外界有一点点声响，就会开门跑出去看看。一有空闲，他们就自娱自乐，比如折纸、玩积木、涂鸦、练武或练舞、看画书、玩电脑、摆玩具、玩手枪、恶作剧等等；如果自己玩够了，妈妈就"倒霉"了！他们一定要妈妈讲故事、读书、陪他们练基本功、一起浇花、欣赏他们的小乌龟，更多的是带他们去外面玩耍，看花、划船、钓鱼、蹦极等等。

　　对于那些生活枯燥乏味的孩子来说，如何让生活保持新鲜，如何让学习与生活实现良好的平衡，是妈妈不得不思考的问题。《礼记·杂记》记载："张而不弛，文武弗能也；弛而不张，文武弗为也。一张一弛，文武之道也。"意思是，会生活、懂得生活的人会灵活掌握放松与紧张的技巧，而不是机械死板地做事和生活。如果把它运用到教育孩子方面，就是让孩子在学习时全力以赴，全神贯注；闲暇时充分松弛，尽情享受。

　　让孩子成为生活的调味师，这样才能获得五彩斑斓的多彩人生。

第六章
告诉孩子没伞的孩子跑得快

一、首先要学会自立

　　"你只管读书，别的都由爸爸妈妈来做。"相信很多家长都曾对自己的孩子说过类似的话。只要把成绩搞上去，别的什么都可以不做，也不用去做，于是，孩子不可避免地依赖、依附于父母。实际上，对孩子的成长来说，自主自立能力比读书、成绩更重要，它是孩子成长中最基本的素质之一。

　　西方国家育儿的着眼点在于，培养孩子具有适应各种环境和独立生存能力的社会人。基于这种观念，西方国家的很多家庭都十分重视孩子从小的自身锻炼。他们认为，孩子的成长与将来的生存必须靠自身的力量。因此，要从小就培养他们自立的意识和独立生活的能力。而独立生活能力来自从小的锻炼。所谓锻炼是多方面的，诸如劳动锻炼、坚强意志的锻炼、忍耐力和吃苦精神的锻炼等等。但最根本的是适应各种艰苦环境和劳动能力的锻炼。通过参加劳动，让孩子从小就形成独立的劳动意识、劳动技能和爱劳动的习惯；在劳动和艰苦的环境中去克服困难，磨炼意志，发展各自的才能和特长，增长才智，并形成刻苦、节俭等品质。就是在这种潜移默化的过程中，随着年龄的增长逐渐促其成为具有独立生存能力和社会责任感的公民。

　　与西方国家相比，中国的育儿观有很大不同。中国的一些家庭育儿往往着眼于孩子将来有出息、有个好职业、一生能在顺境中度过。基于这种企盼，多数家长认为，父母对孩子的责任就是让他们生活得好，孩子成长中能给他们多少幸福就给他们多少幸福。一句话，若能给孩子创造最优越的生活条件，再苦再累也心甘情愿。

　　为此，在孩子的成长过程中，除生活上加倍关心外，父母最关心的是孩子的智育。为使孩子学习好，能成龙成凤，除了学习，什么都不让孩子干。至于孩子的独立生活能力、对未来社会的适应能力，以及公民意识等则很少考虑，有的甚至不考虑。由此看出，中国家长的育儿与西方国家明显不同。

自立就是不依赖别人，靠自己的劳动生活。一个人只有自立，才能得到别人的尊重，才能在社会立足。曾几何时，我们都为自己会站起来、会走、会跑、会叫爸爸妈妈而快活不已，自立的人是快乐的，他们会得到社会的尊重，这样才能有自己幸福的生活。

不自立的人是可怜的。他们处处依赖别人，事事靠别人，一旦没有别人的帮助，便束手无策。依赖别人获得的"成功"不仅得不到人们的尊重，反而会让人瞧不起。将来，他们也无法以自己的力量在社会立足，当然不会拥有属于自己的幸福。

所以，我们家长除了要关心子女的学习外，更要注重培养孩子的自立能力，使孩子能全面均衡发展。在子女教育上要放开手脚，注重锻炼他们的生活自理自立能力，让学生学会自己当家做主；锻炼他们的人际交往能力和适应能力，学会与他人交往合作。在孩子的成长过程中，要给予他们经受"挫折"的机会，锻炼他们将来能经得住风浪。

二、不要做温室里的花朵

陕西渭南市的张红今年高考考上中南财经大学，成为全家人的骄傲。临近开学，张红一家开始准备女儿的上学行李。全家人齐上阵，收拾了整整两天，大包小包的东西有四季换洗衣服各五套，洗漱用品装了整一包，化妆用品一箱子，被服三大捆，孩子爱吃的零食和家乡特产整整三个包裹，最后竟然装了九个大箱子。动身那天，爷爷奶奶、姥姥姥爷、爸爸妈妈及姑姑姑父一行人浩浩荡荡地出发了。爸爸妈妈负责开道、排队，爷爷奶奶给孩子买冷饮解渴，姥姥给她扇扇子，而张红只需要舒舒服服地坐在椅子上看自己的书。上了车，爸爸妈妈为孩子铺好被褥，给孩子打热水，为孩子买盒饭端到面前。到了地方，已经联系好的亲戚准备了三辆车等在火车站。

看到这样一幕，一些已成了家长的"80后"们是不是觉得特别眼熟呢？当然了，这就是在自己身上曾经发生过的场景，能不熟悉吗？

看看她后来又发生了什么吧！开学了，家人不可能还陪在身边，张红很快就感到了不适应。该上课了，没人催她提醒她，害得她老是迟到；军训可不是玩的，只坚持了半天，张红就觉得天要塌下来了，她赌气不练了，教官狠狠地批评了她，她马上就大哭起来，冲回了宿舍再也不肯出来；食堂吃饭老是长长的队伍，排队也太累了，她总是站在一边看着黑压压的队伍，觉得特别恐怖；一周过去了，自己的衣服都换完了，可是没人洗，只能穿脏衣服了，这对娇气的张红来说可是无论如何都无法接受的；大学课程跟中学不一样，不用每天固定学习语数英了，可是该学些什么呢，张红困惑了。宿舍同学她个个都看不顺眼：小王农村来的，土里土气，跟她在一起太丢面子；上铺那个说话就脸红，没出息的样子；宿舍舍长隔三岔五就批评她不顾宿舍卫生，简直就是个长舌婆……

后来实在无法忍受下去的张红开始天天给家里打电话，父母赶来陪着她住了一星期，又去见了孩子的辅导员，请辅导员帮忙照顾张红。家长走了，张红的生活依然不见有什么好转，学习成绩也是一落千丈，和在中学时的众星捧月相比，张红感到了巨大的失落。最终，在大一下学期时张红选择了退学。

张红生活在爱的天地里，是幸运和幸福的。请家长记住一句话：糖是甜的，但不可以当饭吃。吃得太勤就会吃腻。同样，过多的疼爱溺爱就会令孩子难以体会到爱的真谛。溺爱导致的家人越俎代庖，代替孩子去做许多他力所能及的事情，让孩子失去了亲自动手动脑参与操作实践的机会。让她养成衣来伸手饭来张口的坏习惯，让她在潜意识里形成了许多事情都该别人去做的思维模式，让她养成了依赖别人的习惯。时间长了，孩子的自理能力当然就很弱。

娇生惯养的孩子，就像温室里的花朵，禁不起风吹雨打，抗击挫折和摔打的承受力特别差，一遇到什么困难及伤害，还有可能一时无法接受而走上绝路。这样的孩子从小习惯了别人以她为中心，上了大学，来到一个陌生的环境，她极有可能还是老样子，这就很难融入新的环境。现在的孩子，绝大多数都是独生子女，谁会去迁就你的过失，若不试着改变自己，极可能被人当成一个另类而遭到排挤。

人的各种能力是通过学习得来的，过分地溺爱孩子，许多生活小事都不让他干，只会让他丧失学习的机会，导致他只知道读书，而失去生存能力，成为一个废人。担心孩子做事做不好，就干脆代替孩子去做，就如同害怕游泳会淹死人，让孩子隔岸观泳，那他永远也学不会游泳的。处处替孩子把所有的事情都做了，让他养成依赖的坏习惯，他上大学、工作的时候，必然是动手能力很差，他又该靠什么自立呢？

一个人，不管是谁，迟早都要自食其力的。许多的伟人名人都特别注意这一点。比尔·盖茨、李嘉诚等人对自己的孩子都要求得很严格，从不宠爱孩子，他们的孩子都很有作为。人家是大富翁，都能做到"富门寒教"，我们普通人还舍不得让自己的孩子多接受生活得磨炼，太不应该了。

"穷人的孩子早当家"，这不是没有道理的，那些从小被宠坏的孩子却很难成才。这就印证了"生于忧患死于安乐"的道理，逆境可以激发人的潜力，让他奋发有为；而过于优越的环境会令人因沉迷于享乐而丧失本身所具有的意志力。让孩子适当吃一点苦，得到一些磨炼，是大有好处的。

先甜后苦，孩子只会感觉到希望渺茫，前途黑暗，可能就此沉沦下去。先苦后甜，他就会体会到生活的幸福和美好，从而更好地珍惜生活热爱生活，拥有一个积极向上乐观的良好心态，让他受益终身。

三、父母包办一时，毁了孩子一世

已经是早上7点，再不起床就来不及去学校上早读了，但王然还赖在床上。妈妈又过来催："快点，快点，赶紧起床，打车去学校还来得及！""妈妈我太困了，身体不舒服，让我再睡会儿吧。妈妈，再帮我请次假吧，好不好？"王然懒洋洋地说完又翻身睡着了。妈妈无奈地摇了摇头，走到客厅给老师打了个电话，王然就又"病"了一回。

看到这场景，如果有同样或类似经历的家长，就要引起高度重视了。这不是对孩子的爱，而是对孩子的直接伤害。因为这绝不是什么爱，而是一种溺爱，就像人渴了饮用毒药止渴一样，饮鸩止渴的结果只能是悲惨的。

溺爱对孩子来说犹如沼泽，往往会使孩子不知不觉地沉沦下去，直到遭遇灭顶之灾，过分的宠爱将会使孩子变成不知好歹、懒惰自私的人。

目前，许多父母努力工作一个最大的愿望，就是能够满足孩子足够多的物质需要。各种各样的玩具、营养品、小食品……吃、穿、住、行、用，几乎每一样都做到最好。这样的溺爱孩子，给孩子一切物质上的满足并不是科学的教育方式。首先，这样的疼爱会让孩子对价值观失去正常的判断，因为孩子并不知道那些价格不菲的东西花去了父母收入的一大半。其次，不利于孩子健康成长，已经习惯了什么都是最好的，孩子自然不会明白什么叫艰苦朴素。著名教育家马卡连柯说过："父母对子女爱得不够，子女就会感到痛苦，但是过分的溺爱虽然是种伟大感情，却会使孩子遭到毁灭。"出于爱子之心，有些父母对孩子总是有求必应，即使他们的要求很不合情理，也不愿意拒绝。

科学研究证明，父母对孩子的教育之所以能取得成功，就是因为孩子意识到了父母的爱，乐意接受父母的教育。但是爱的方式如果发生了偏差，过分溺爱孩子，把孩子置于绝对舒适的环境中，不但不能促使孩子健康成长，反而会毁了孩子的一生。

"虎父无犬子，慈母多败儿"，过分的溺爱与娇惯会使孩子遭到毁灭，是千百万父母家教经验教训的总结，值得每个父母记取。

四、"啃老族"

小李是 2006 年大学毕业的青年人，他初毕业的时候，当过一段时间"啃老族"。因为他不是找不到工作，而是不愿意工作，嫌工作压力大，就辞职了。在家里当起"啃老族"，啃他老爸和老妈的那点工资。其实，小李的家境并不好，但是，小李觉得自己还没长大，不愿意一毕业就离开那个给他无私支援的家。

"啃老族"也叫"吃老族"或"傍老族"，他们并非找不到工作，而是主动放弃了就业的机会。"啃老族"们赋闲在家，不仅衣食住行全靠父母，而且花销往往不菲。"啃老族"年龄都在 23~30 岁之间，并有谋生能力，却仍未"断奶"，得靠父母供养的年轻人。社会学家称之为"新失业群体"。

社会科学家认为，在当前就业压力日增，独生子壮大的前提下，"啃老族"有扩大的迹象。当中国进入老年社会的时候，"啃老族"必将带来更多的社会问题。"襁褓青年"的独立，除了依靠正确的人生观、价值观，社会也应为其创造适合的工作机会。与其让父母养活"啃老族"，不如给他们工作岗位，让他们成为有能力养活父母的"养老族"。

有一份调查报告总结"啃老族"六类常见人群：第一类是高校毕业生，对就业过于挑剔；第二类以工作太累、太紧张为由自动离岗离职；第三类属于"创业幻想型"，虽有强烈的创业愿望，但没有目标，又不愿当个打工者；第四类是频频跳槽者；第五类用过去轻松的工作与如今的紧张繁忙相对比，越比越不如意，干脆不就业；最后一类人文化低、技能差，只能在中低端劳动力市场上工作，但因怕苦怕累索性躲在家中。

一般来说，一个学生走出校门，因为行为——报酬的激励环境不同了，都会有点恐惧，就像一个人离开了熟悉的环境，走进一个陌生的地方，不知道哪条路径是对的，总是想退回来，接受父母的资助而不愿行动。其实，这是正常的，随着行动——试错的积累，年轻的学生很快就能掌握社会法则，顺利度过"社会断乳期"。

但有些人会在社会断乳期，反应很强烈，就像婴儿断乳一样，有的时间很长，有的时间很多。社会断乳期难以顺利度过的孩子，就是"傍老族"、"啃老族"，虽然他们也知道自己的家境并不富裕，也有心理负担，但这些压力反而使得他们的压力更大，更不能断乳。

所以，归根结底，是因为作为父母没有尽到自己的责任，没有尽早给孩子培养承受压力的能力，没有给孩子灌输自立自强的观念。等到孩子成年了再来教育他，一切都晚了，父母只能打落牙齿往肚里咽，痛苦地承受孩子啃老给他们带来的巨大经济压力和精神折磨。

五、"草莓一代"

2007 年伊始，一个新名词出现在教育界，这个词是"草莓一代"，有教育界人士用它来比喻现在的祖国的花朵——"第二代独生子女"。草莓，外表看起来色彩鲜艳，里面却苍白绵软，稍一施压就变成一团稀泥，表层还疙疙瘩瘩的挺有个性。

故事一：

2009 年 10 月底，因为生活挫折，23 岁的大学毕业生彭某喝下剧毒农药，从此陷入深度昏迷，至今没有醒来。"儿子快醒来吧，家里人等你一起吃年饭……"白女士凑在儿子彭某耳边喃喃念着，仿佛"睡"了两个多月的他就会被叫醒，给这个濒临崩溃的家庭一线希望。"我们都不敢相信，他受了四年高等教育，怎么会扛不住这点压力？"在彭某的父母看来，儿子选择轻生，仅仅是因为两个不该成为理由的"理由"：想当办公室白领，却被分配到条件艰苦的施工工地；喜欢上一个女孩，初次表白却被拒绝。

"彭某的悲剧，折射出'草莓一代'的通病！"中国青少年教育服务网的心理咨询师李映红告诉前来采访的记者，如今不少青年人像是温室里的草莓，未经环境的磨砺，一点点微不足道的挫折就成了其生命的终点。

故事二：

陆老师所带的初二年级迎来了一年一度的军训。军训开始后不久，孩子们就受不了了，第一天晚上就有 5 个学生来到了陆老师的办公室，哭着想回家。经过一番劝说，有 4 个学生同意继续完成下面的军训，但是郭健却非回家不可。

没办法，陆老师只好给郭健的父母打电话，希望他们能帮老师一起劝劝郭健。没想到郭健父母到了军营后马上就把孩子接走了，陆老师对郭健父母的做法提出异议。这让郭健母亲很不满，三番五次来学校与陆老师理论。

"独生子女的班主任真难当呀，"陆老师对记者说，"老师们有时很想做点儿什么，可是家长太娇惯孩子了，我们已经看到这一代孩子身上存在着共同的弱点了。"

故事三：

上海市进才中学的校长金卫东向记者介绍，最近有一件小事在上海很是轰动。有家长提出，不要让自己的孩子在学校擦黑板。原因是，擦黑板时孩子容易吸进粉尘，对健康不利。"家长对孩子的过度保护已经非常普遍了。"金校长说。

北京的初中教师冯老师最近也碰到了一件恼人的小事。新学期的第一次大扫除后，冯老师一进教室，看到一片狼藉，"那不是打扫卫生，是垃圾搬家，玻璃比没擦之前还要花"。可是当冯老师提出批评的时候，孩子们却说，家里扫地、擦玻璃这类的活都是爸爸妈妈或保姆做的。

当冯老师决定好好教会孩子这些最基本的生活技能时,一个孩子却说:"我爸爸妈妈从来不让我碰笤帚,他们说我学会这些没用。"

"草莓一代"的困惑:

教育专家王培信说:"很多孩子在幼儿园、学校和在家里完全像两个人。"在集体中,每个孩子基本是平等的,孩子们似乎能和平相处、平等相待,也能遵守规则。但是在家里,孩子从父母的过度关爱中逐渐得出"我很特殊",再慢慢发展为"我要特殊"。孩子地位从"平等"到"特殊"不停地转换,一些孩子性格出现了两面性,"这对孩子的成长是极为不利的",现在不少家长对孩子的爱没有原则,使得孩子凌驾于家庭之上了。

首先,家长大包大揽,使孩子没有学会感恩。不少家长都在抱怨孩子不知道感恩,可是家长们是否想过,您在为孩子付出的时候,有没有教会他们感恩呢?与其他国家相比,中国的家长为孩子做得太多,几乎包办了家里的所有事情,这样只能导致失败的教育。家长出于对独生子女的疼爱,往往都事事满足、事事包办,这种做法的后果是养成孩子依赖性强、唯我独尊等不良的品行。所以,家长应该学会把对孩子的爱藏一半起来。

孙女士夫妇生活并不富裕,丈夫十年前做了换肾手术,高昂的医药费让这个家庭经济非常拮据。

即使这样,女儿小盈初中毕业后,孙女士夫妇还是倾其所有、东拼西凑地送女儿到日本读书。今年,小盈终于读完了语言学校,就在即将准备上大学的时候,签证出了问题,小盈只能回国了。

看着经过历练而显得成熟许多的女儿,孙女士盼望着一家人可以团团圆圆地过几天舒心日子了。可是没想到,才回来几天女儿便开始抱怨:"家里没有达到自己在日本的居住条件"、"不能 24 小时上网"……

于是孙女士又为女儿买了电脑、安装了宽带,还买了加湿器专门在女儿的房间"制造"东瀛湿润的气候。

但是这两天小盈却提出,家里房子太小,自己没有专门的练琴房,如果父母不能改变现状，她希望父母能再给她准备些钱，她准备到新加坡生活。

"我们已经为她花了那么多的钱，现在我们没有力气去挣钱了，本想她能担负起这个家，没想到她不但不担这个责，还嫌我们做得不够，我们还要怎么做？"孙女士说。

"独生子女在教育上具有天然的缺失，他们在成长过程中不可避免会受到更多的关爱，当他们有问题时却又缺少适当的排解渠道。"北京市教科院的一位专家分析，在独生子女的教育问题上成人起着非常重要的作用，孩子们身上出现的问题更多是由于家长的教育不当造成的。这一代独生子女身上存在的这种缺陷并不是独生子女本身带来的，而是他们身边的成人并没有教会他们如何感恩、如何承担责任。这是成人做得不对，成人应该负主要责任。

六、"富二代"

最近一阵时间，有一现象引起了非常多的关注，从杭州的两起案件：胡斌飙车案、"保时捷"撞死打工妹案，再到网上曝光的"富二代"网上招聘三奶，"富二代"炫车，炫名牌服装；再到同一时段，广西南宁惊现的最牛生日宴……几乎所有的焦点都集中到了"富二代"，"富二代"这一名词一度成为负面的词。

"富二代"指的是我国改革开放以来最早一代民营企业家"富一代"们的子女，如今他们靠继承家产，拥有丰厚财富。目前社会对"富二代，"定义是：80年代出生，继承几千万甚至过亿家产，他们被称为"富二代"。

在胡斌飙车事件中，有一组图片值得人们深思。拍摄这组图片的作者可谓抓住了事件的核心和灵魂。胡斌的玩伴们在事发现场搂抱嬉笑。他们表现出来的那种悠然自得，似乎受害人的死与一只蚂蚁被踩死并没有多大区别。在他们眼里，死个把人真不是什么大事，用钱用关系去搞定这一切已经成了固定的思维模式。

　　纵观古今中外，"富二代"从来都不是一个新鲜的阶层。东西方社会都曾为"富二代"头痛过。如英语中有句"伟人的孩子难成器"，西班牙文中有"酒店老板、儿子富人、孙子讨饭"，葡萄牙语中也有"富裕农民、贵族儿子、贫穷孙子"，都与中国老话"富不过三代"的意思差不多。而何以当代中国的"富二代"们如此与众不同，成为社会广泛关注的现象？这不能不说是中国家庭教育的严重缺失。

　　与西方家庭财富是靠几代人积累下来所不同的是，我国改革开放才三十来年。有资料显示，这些年来中国所积累的财富已超过一百年的财富积累总和。可以说，我国家庭财富积累大多是一代人在改革开放期间完成的，于是形成了所谓中国的"富一代"及其子女"富二代"。这一群体人数少，但示范效应大。而恰恰在这一现代化进程中，社会贫富差距迅速拉大，因此，容易被老百姓所关注或诟病。另外，许多迅速富裕起来的中国"富一代"，对"富二代"的培养无论在时间还是能力方面，心理准备显然是不足的。

　　我们很容易看到，中国的"富二代"和西方发达国家的富家子弟的区别。英国人常自夸说："别国学校可以教成许多博士、学士，英国学校，则只能教成'人'而已。"这似乎是英国的社会习俗与教育传统。即训练有德行、有用处和有才能的人。与西方不同，中国的新富们大多在改革开放之后产生，只有短短十数年的积淀，曾经历了艰苦奋斗的他们，很容易产生"不想再让孩子吃苦"的想法，过度呵护溺爱，从而没有让孩子养成一些重要的性格和品质，直接导致孩子人格上的不健全。正是这样的教育缺失，使"富二代"缺乏责任心、同情心，缺乏公共精神，不论在什么场合，只考虑自己的便利与得失，甚至漠视他人的生命，不时有参与黑社会活动等。

　　归根结底，"富二代"现象就是家庭教育问题。当年，"富二代"的父母在打拼的时候，吃够了苦头，所以孩子出生了，就一味地溺爱孩子，且有的自身受过的教育有限，并没有注重幼年、青年时候的教育，长而久之，就养成了孩子不思进取、不负责任的恶习。富足使"富二代"不懂什么叫自立自强，更不懂如何感恩社会、回馈社会。

　　比起其他国家，中国的"富二代"又有自己的特点。中国的父母虽然嘴上也说，"你要长大了"，但实际上无论是父辈还是子女都没有做好独立的准备。这种对孩子的溺爱是根深蒂固的。在德国有一种传统，无论怎样的家庭，孩子到了 18 岁第一件要做的事，就是独自出门远行——放在孩子口袋里的钱很少，但是希望他走的路很远。可在国内，有几个家长愿意孩子受这样的磨砺呢？尤其是富足家庭，想的更是给孩子置业、买车，没有"18 岁独立成人"的意识。由此，弊端是显而易见的：孩子特别依赖父母，没有生活的体验和社会的阅历。于是，当有大量金钱可以支配的时候，就很容易迷失方向，做各种危险的尝试。中国的子女独立难，而"富二代"的独立，更是难上加难。

解决"富二代"问题的关键在于，父辈给孩子巨额财富的同时，也要给予相应的优良品质，最重要的是培养孩子自立的精神，让他们明白任何人都不可能不劳而获。即使父辈有大量财富可以继承，也需要孩子具备继承和管理的能力，否则，这会是一件非常危险的事情。

七、西方家庭如何培养孩子自立

1. 美国：要花钱自己挣

美国家庭教育以培养孩子富有开拓精神，能够成为一个自食其力的人为出发点。父母从孩子小时候起就让他们认识劳动的价值，让孩子自己动手修理损坏的玩具，装配自行车，到外边参加劳动。一般家庭要孩子分担家里的割草、粉刷房屋、简单木工修理等活计。此外，还要外出当杂工，如夏天替人推割草机，冬天铲雪，秋天扫落叶等。

2. 瑞士：自学多于谋生

瑞士父母为了不让孩子成为无能之辈，从小就着重培养孩子自食其力的精神。譬如，十六七岁的姑娘，从初中一毕业就去一家有教养的人家当一年左右的佣人，上午劳动，下午上学。因为瑞士有讲德语的地区，也有讲法语的地区，所以一个语言地区的姑娘通常到另一个语言地区的人家当佣人。其中也有相当多的人还要到英国学习英语，办法同样是边当佣人边学习英语。掌握了三门语言之后，就去办事处、银行或商店就职。长期依靠父母过寄生生活的人，被认为是没有出息或可耻的。

3．德国：自己事自己做

德国的父母，从小就培养孩子自己的事情自己做，家长从不包办代替。法律还规定，孩子到 14 岁就承担一些义务，比如要替全家人擦皮鞋等。这样做，不仅是为了培养孩子的劳动能力，也有利于培养孩子的社会责任感。

4．日本：靠劳动挣学费

日本的父母，在孩子很小的时候，就给他们灌输一种思想"不给别人添麻烦"，并在日常生活中注意培养孩子的自理能力和自强精神。全家人外出旅行，不论多么小的孩子，都要无一例外地背上一个小背包。父母说："这是他们自己的东西，应该自己来背。"上学以后，许多学生都要在课余时间，在外边参加劳动挣钱。大学生中勤工俭学的非常普遍，就连有钱人家的子弟也不例外。他们靠在饭店端盘子、洗碗，在商店售货，照顾老人，做家庭教师等挣自己的学费。

八、中国家长培养自立的常用手段

父母过分溺爱孩子，使孩子过着衣来伸手、饭来张口的生活，养成了事事依赖的习惯，缺少吃苦耐劳精神，缺乏动手能力，从而导致成年后社会适应能力较差。要避免这种现象的出现，应该重点培养孩子的自立品质，可以从以下几个方面入手：

1. 转变观念

孩子是母亲身上掉下来的一块肉，是父母婚姻的结晶，因此没有一对父母不心疼自己的孩子。特别是在独生子女家庭里，孩子更是被数不清的爱一层又一层地包围着。于是，很多父母都不让孩子干活，怕孩子受累了，自己把什么事情都包下来。以为这样就是爱护孩子，但事实上却适得其反，不利于孩子健康成长。道理很简单：一个人的习惯是从孩子时期就开始一点一点累积而成的。当孩子多次不动手的时候，就会逐渐形成一种不正确的认识，那就是认为自己什么事情都不需要动手，因为父母可以帮自己做好一切。但是，父母不可能陪孩子一辈子。所以，当孩子进入社会后，因为缺乏自小培养的生存能力，就会显得手足无措，难以很好地适应竞争激烈的现代社会。这就与父母的初衷背道而驰。因此，父母有必要转变观念，让孩子从小就开始学习自己思考，自己动手，从而使其逐渐养成一种自立的习惯。

2. 让孩子从力所能及的事情做起

自立是一个渐进的过程。一个人不可能刚生下来就能自立，因此要培养孩子的自立品质，首先要让孩子做自己力所能及的事情。比如，上幼儿园大班的孩子，就可以让他扫扫地，吃饭的时候拿一下碗，自己学着穿衣服等等。这些小事情，在成年人看来是一些微不足道的事情，但是对孩子而言，却是一个很好的锻炼。古人云："不积跬步，无以至千里。"积少成多，聚沙成塔，当孩子慢慢习惯自己主动完成一些事情的时候，他的这种自立意识也在慢慢地成长，自己动手的能力也在慢慢地提高。同时，要根据孩子身心条件的发展而逐步提高对孩子的要求。

3. 多鼓励，多指导

作为还未成年的孩子，很多事情由于没有经历，不会做或者做得不好，这是很自然的。这时候就需要父母耐心地指导，鼓励孩子坚持不懈地尝试。比如，怎样使用热水器。再比如教孩子煮饭，首先是要给他讲清楚煮饭的程序，先把水舀进锅里，然后把米淘好放进锅里，并讲清楚多少米用多少水，这是一个程序的示范。然后就可以让孩子自己来做，也许孩子会把饭煮糊或者没有煮熟。这不重要，继续鼓励孩子再做，再加以指导，孩子一定会学会煮饭。切忌指责孩子，说孩子很笨之类的打击孩子自信心的话。多鼓励，多指导，可以提高孩子自己动手的积极性，有助于其自立品质的形成。

4. 允许孩子失败

俗话说，失败乃成功之母。况且孩子由于没有经验，失败是在所难免的。但是父母不能因为孩子失败，就不再让孩子去尝试做事。如果这样的话，恰恰是害了孩子。每个人都是在失败中成长起来的，没有失败就不可能有真正的成功。关键是要让孩子学会从失败中吸取经验教训，争取下次不再犯同样的错误。要让孩子学会自立，如果孩子没有自己的想法，不勇敢地去尝试，不可能真正形成自立的品质。这就好像是在科学上要取得新进步，就必须要具有不怕失败的精神一样。

5. 适度奖励

当孩子自己独立完成一件事情的时候，特别是这件事情不是他必须完成的时候，父母要给予一定的奖励。对于小一点的孩子，可以用物质奖励为主，精神奖励为辅。而对于稍大一点的孩子，则要以精神奖励为主，物质奖励为辅。适度的奖励有助于强化孩子继续表现这一好的行为。但是要注意一点，不能用得太泛滥，就是说，要掌握分寸。对于孩子的奖励要逐步提高要求，而且不要表扬得过分。比如说一个四岁的孩子演唱了一首儿歌，就不要说"你看我们的孩子，比歌星还要唱得好"。这种夸奖，容易让孩子形成自负的心态。也不要什么事情都奖励孩子。比如一个六岁的孩子吃饭，就不要说"真乖，会吃饭啦"。六岁的孩子都不会吃饭，肯定这个孩子有问题。总而言之，要给孩子适度的奖励，从而促进孩子心理健康发展，也有助于孩子形成自立的品质。

6. 重视榜样的作用

孩子都是在模仿他人的过程中慢慢长大的，因此父母要充分利用这一点，树立好孩子学习和模仿的榜样，积极引导孩子学会自立。首先父母要以身作则。父母是孩子的第一任老师。父母的一言一行，都给孩子树立了模仿的榜样。因此，父母应该在日常生活中体现出自立的良好品质。其次，由于小孩子对教师和父母有着天生的崇拜，并把他们作为权威来看待，因此给孩子讲那些自立自强的人的故事，有助于孩子树立自立意识。同时在树立榜样时，最好能够树立一个与其年龄相一致的榜样。

7. 让孩子学会独立思考问题和解决问题

孩子在成长过程中会遇到这样或那样的问题，作为父母，应该多给孩子自己思考和解决问题的空间。孩子也许不能正确地思考和解决问题，但是这种过程却是很重要的。父母在这个过程中需要做的是鼓励孩子的这种行为，引导孩子更好地独立思考和解决问题，而不是去关心孩子答案的对错。

8. 让孩子对自己负责

中国家庭中父母对孩子的教育比较缺乏的一点就是缺少教育孩子对自己负责。举一个典型的例子：孩子不小心被绊倒在地，然后大哭起来。这时候，大多数父母的做法就是赶忙跑过去，一把把孩子抱起来，然后说地板不好，并装作打地板的样子。其实，这就是一种把责任推卸给别人的表现。明明是孩子自己走路不小心造成的，偏偏说是不会动的东西地板的不对。这样一来，孩子也觉得自己没有错，是地板的错。这样的例子在生活中随处可见。久而久之，孩子便认为，自己的失败和挫折都是别人的责任。因此，作为父母，应该有意识地让孩子明白是自己的不对，应该承认和积极面对。

第七章
孩子的自信心是一笔财富

一、鼓励和肯定孩子

孩子的自信心很大程度上来源于家人，特别是父母，因此，父母的鼓励和肯定对孩子来说很重要。

卡尔·威特的父亲在书中回忆道：

我的儿子刚开始学习写作的时候，对自己的能力一点儿也没有信心。当他战战兢兢地把他写的第一篇文章递给我时，我就注意到他眼中的不安，似乎在等待着我的审判。

读完他的文章后，我发现那的确是篇糟透了的文章——问题没有交代清楚，句子不完整，还有很多错别字。我应该怎样去评价它呢？由于我感到儿子对写作缺乏自信，我知道我不能简单地说一声"不好"就能解决问题。在我沉默的时候，儿子流露出忧伤的眼神。

可他没有想到，我对他说了一句令他兴奋的话："非常不错！这是你的第一次写作，爸爸刚开始写作的时候比你差远了。"

这时，儿子的眼中闪烁出兴奋的光芒。不久，儿子把他的第二篇文章给我时，已经是天壤之别了。

在我对儿子的教育中深深地感到：最重要的教育方法就是要让孩子相信自己。

就是这样一位父亲，培养出了世界著名的天才，并且他还出版了闻名世界的《卡尔·威特的教育》一书。

无论大人还是孩子，无论干什么事情，对自己缺乏自信，必将一事无成。反过来，一个人如果对自己充满自信，对工作信心十足，那么他无论干什么事情，都会百折不挠。

　　孩子的自信大都来源于父母，这是因为孩子往往根据父母对他们的评价来进行自我评价。父母的信任和积极的评价就会使他们对自己产生积极的认识。

　　我们切不可用"你太笨"、"没用"这样的话来指责孩子。我们要根据孩子的能力制定适当的努力目标。目标太容易实现，产生不了激励的作用，目标太难实现，则容易被孩子放弃。难以实现的目标还容易给孩子造成挫折感而丧失信心。多让孩子体验成功的喜悦，就能使他们增加自信。

　　有自信才能进步，有自信才能出成就，自信是孩子发展的基石，而赏识是培养孩子自信的最佳方法。

二、让孩子充满自信

　　孩子的自信心从何而来？来源于父母有效的赏识。"赏识"不仅仅表明了父母对孩子的信心，同时也坚定了孩子自己的信心。只有孩子对自己充满了信心，父母才能培养出优秀的人才。北京市的小女孩马宇歌，曾单身探访大西北、闯西藏。她的行为，她的旅程，她的感受和进步，让广大的独生子女们和他们的父母真切地懂得，走进人群是培养孩子生存能力的理想途径。

　　马宇歌是北京西城区的一个小学生，8岁时便以年龄最小，综合能力评分第一的成绩入选中央电视台小记者团。她四年级暑假独自南下江苏、安徽两省六城市旅游、采访之后，便萌生了在14岁前独自走遍全中国"增长阅历走东西南北，了解社会做栋梁之材"的心愿。1997年寒假，她远赴湖北，在革命老区大别山中和当地的贫苦小伙伴们共度春节；1998年暑假，她西出阳关，独访大西北，在新疆、青海做了一个月既苦又快乐的旅行，深入二十多个少数民族家庭进行交流、采访，并写下了几万字的《宇歌98暑假大西北之行日记》。

　　1989年新春，马宇歌又决定独闯川藏。大年初一，她告别了父母，登上了由北京开往重庆的列车。在山城，她参观了白公馆、渣滓洞集中营，拜谒了歌乐山烈士陵园。小宇歌在重庆有一个特大的收获：幸运地拜访了小说《红岩》的作者之一，七十多岁高龄的杨益言老爷爷！

那次去西藏路经成都，从重庆坐汽车到成都时，可能是她事先联系时没说清楚，到车站接她的沈阿姨没有到。可她一点儿也没害怕，按地址一打听，倒了两次公共汽车才找到目的地，倒是把人家来接站的沈阿姨吓得够呛！紧接着，来到邀请她来西藏的拉萨师范附小六年级小姑娘次白的家里时，高山反应使她有点儿上气不接下气，但这些困难都被她一一克服了。马宇歌离家半个月后，于开学之前由拉萨返回北京。她不仅身体状况很好，而且精力充沛，除了满载着西藏小朋友的祝福，带回一本许多人签名题词的本子和厚厚的日记，还结交了许多新朋友。

小宇歌之所以在大过年的时候离开温暖的家，离开一直对她给予极大赏识和支持、一直关爱着她的爸爸妈妈，一个人到那人生地不熟的地方去闯荡，用她自己的话说，就是"我想通过旅游这种方式广泛接触社会、结识朋友、学会理解和尊重他人"。

这就是勇敢的标志，这就是信心的体现。

相信自己能够成功，往往自己就能成功。这是人的意识和潜意识在起作用。当意识决定了"做什么"，潜意识就思考"如何做"。因此，意识可以调动潜意识、发挥潜意识。意识来源于信心。从古今中外许多科学家身上发现，虽然他们获得成功的方法不同，但是在善于运用意识和潜意识的力量方面是相同的。也就是说，如果给潜意识一个目标，潜意识就会为实现这个目标而行动起来。一个人总是想着成功，就有可能会成功；一个人老是想到失败，就会导致失败。因此，成功是属于那些有成功意识的人。

树立自信心很重要的一个手段是赏识。经常得到赏识的孩子，不仅表明了父母的信心，同时也坚定了孩子的信心。家庭教育的一个重要内容就是要赏识孩子，让孩子相信自己"行"。

三、孩子，你能行！

孩子在成长的过程中，会遇到很多从未经历过、表面看来十分可怕的事情，只要父母能够能给予正确的引导、鼓励，孩子就会变得勇敢起来，从而战胜困难。

孩子的父母、同学、朋友及老师，孩子的社会与家庭环境，都会带给孩子一些比较牢固的信念。孩子可能会因为自己身高不够，就认为自己不可能成为一个篮球明星；孩子可能因为物理考试成绩不好，就认定自己不是当物理学家的料；孩子可能因为自己长得不够帅或不够漂亮，就认为自己这辈子不可能当电影明星；孩子可能因为目前各门功课的成绩都不好，就认为自己将来不可能考上大学；孩子也可能因为日记还写不好，就认定自己绝对不可能成为一个优秀的作家。

孩子持有的这些观念也许都是事实，但是孩子一旦认定它们是事实之后，孩子的潜能之门就会从此关闭，孩子今后在这方面也就不会有卓越的表现。假如孩子一再受到他人的指责，"笨蛋"、"傻瓜"、"失败者"，孩子就会真的越来越不行，甚至会变得很愚笨。人会向他们心中预期的方向成长，这是一个非常重要的心理学原则。那些一看到别人有卓越表现就认为别人是天才的孩子，其实是为自己不努力寻找借口，这不是优秀孩子应有的心态。

相反，那些可以排除来自周围环境或他人的消极影响，对自己有充分的自信，坚信"天生我材必有用"，相信自己此生必定优秀、必定有所作为的孩子，他们身上的潜力就会充分发挥出来，人也会变得越来越聪明，越来越像个天才。

那怎样让孩子相信自己也具备很多成功的因素呢？这里有一个简单的方法——告诉孩子，你能行！

　　言言家的院子里安放了一个秋千，那是爸爸为了让儿子的身体得到更好的锻炼而安放的。虽然荡秋千是大多数孩子喜爱的一项运动，但言言却非常害怕。

　　每当爸爸将他抱上秋千的时候，言言总是吓得哭起来。

　　已经 9 岁的言言站在秋千上紧紧抓住绳子，他的动作狼狈极了，苦苦地哀求爸爸把他放下来。

　　"这没有什么，比你小两岁的萧萧都会玩呢，你不用害怕，你肯定行的！"爸爸边说边稳稳地扶住他。

　　"爸爸，我不想玩这个，我会摔下去的。"言言哭着喊道。

　　"你不会掉下来的。只要抓紧绳子，这是很安全的。"

　　"不，我害怕。"小孩子仍然叫着。

　　看到他害怕的那副样子，爸爸知道再劝说也没有什么作用，便把他抱了下来。

　　一天，爸爸把萧萧叫来，准备和言言一起荡秋千。"这样吧，你先看看萧萧是怎样做的，再问问他能不能教会你好吗？也许你就会改变主意了。"爸爸说完，萧萧就上秋千摇荡起来了。

　　"萧萧，你真勇敢！"萧萧在秋千上荡得很高很高，言言高声欢呼起来。

　　"那么，你也来试试吗？"他问言言。

　　"好吧，可是我不要荡得那么高。"言言终于同意试一下。萧萧鼓励言言说："当初我第一次荡秋千时，也像你一样怕得要死。是妹妹鼓励我，他对我说：'哥哥你先学会了，然后教我吧。'我就开始不怕了，因为我要给妹妹当老师啊。"言言听后，勇敢地踏上秋千。

　　这一次，他依然很害怕，但他毕竟有了一个开始，他站在秋千的踏板上扭来扭去，样子非常难看。不仅如此，尽管来回扭动，但那秋千几乎没有动。

　　"每个人第一次荡秋千时都十分害怕，爸爸也不例外，"爸爸在一旁趁机鼓励言言，"我第一次上秋千的踏板上时比你还要害怕，站在上面根本不敢晃动。你比我好多了，我相信没有几天你就会荡得很高很高。"

　　言言听见爸爸和萧萧都这样说，恐惧感立刻消失得无影无踪了。

　　第二天，言言的爸爸下班后回家，还没有走到住处就听到了花园里传来的欢笑声。言言和萧萧两人正在兴高采烈地荡着秋千。

再想想看，一个孩子成长的过程中，会遇到很多从未经历过、表面看来十分危险的事，开始时多少都会让他们产生恐惧心理，但只要父母能够通过正确的方式对孩子进行引导、鼓励和赞赏，孩子就会变得勇敢自信起来，从而克服重重困难。

四、不要过分地挑剔和指责孩子

父母不要过分地挑剔和指责自己的孩子，这是十分有害的。

鼓励孩子应充分肯定孩子的优点，避免伤害孩子的自尊心。

王太太因为儿子浩南在学校经常闯祸而深感失望。在老师讲课时他经常故意打断讲话，每次这样做都要造 50 个句子。老师惩罚浩南，而他又不肯屈服，常常拒绝造句，这样惹得老师加倍要求造句数量。王太太害怕孩子变得不可救药，开始嘲笑他，指责他，希望能激发他的自尊心而努力学习。这样孩子在学校和家里都受到了惩罚，给浩南很大的打击。浩南渐渐失去信心，再也不想有好的表现了，于是整天我行我素，毫不在乎的样子。王太太非常着急，最后要求与老师面谈，共同探讨教育孩子的方式方法。王太太问老师浩南的坏行为在他的总体表现中占多大比例，老师说大约 15％。王太太十分惊讶，因为 15％ 的坏行为和 85％ 的好行为相比起来数字悬殊，坏行为却得到了更多的注意，正是这 15％ 的坏行为给孩子留下一个坏名声。

这个例子是带有普遍性的。我们常常因孩子在某些方面的不足而穷追猛打，不断地指责他，期望他们改变，致使大家的注意力都对准了孩子的坏的方面，双方都丧失了信心。

在生活中，很多父母都不重视鼓励孩子，他们更关心的是怎样"对付"孩子的不"规范"行为，根本不考虑孩子的心态，行为成因。这种做法往往会导致教育失败。有些父母甚至干脆对孩子打骂兼施，认为这样才能让孩子引以为戒。

实际上，对孩子过分的挑剔、指责是十分有害的。如果做家长的总是喋喋不休地专拣孩子的缺点去指责，那么"失败"可能真的要与他们相伴了。心理学家指出，赞美应超过批评二至三倍，如果父母对自己的孩子表扬得太少，就可能让他们对自己丧失信心从而形成自卑心理。

每一个孩子在成长的过程中，由于知识和阅历的限制，都会有认为自己不如别人的时候，特别是经历过一两次考试失败后会有些心灰意冷，此时我们就不应该再责怪他们，而是应该顾及他们的尊严，找他们的闪光点，鼓励他们振作精神，告诉他们今后的人生之路还很长，一两次挫折失败算不了什么，只要自己尽力就行。此外，做父母的要看到孩子的进步，不能求全责备，要允许孩子犯错误，要帮助孩子分析错误的原因，寻找避免错误的方法和途径，给他们成功的希望，坚信他们将来一定能够有所作为。

很多父母常常不明白什么是鼓励。甚至以为鼓励就是说好听的，表扬一下。其实鼓励就是给孩子一个锻炼及表现自己能力的机会，向自己证明他们是环境中的一个有效分子，他们的行为可以给自己和别人带来积极的影响。在鼓励的作用下，孩子认识到自己的潜力，不断发展各种能力，成为生活中的成功者。

鼓励可以是非常简单的。小孩子常常哭哭闹闹，有时愁眉苦脸，或不高兴地嘟嘟囔囔，什么似乎都不能使他们高兴。在这种情况下，父母往往感到十分恼火，甚至要打孩子几下，认为这样可以制止孩子的无理取闹，减少他们没完没了的不满足行为。其实我们可以试一试给孩子一点儿温暖，例如：将孩子抱到怀中，讲孩子是多么可爱的孩子，父母多么喜欢等，孩子多数会停止哭泣，直到一切转变为正常状态。

不断地肯定和鼓励孩子，能够激发孩子积极向上的情绪和愿望，有利于良好个性和优秀品质的形成，也有助于孩子能力的发展、知识的积累和审美情趣的培养。

五、不厌其烦地夸奖孩子

　　我们要不断地关注孩子每一点滴的进步，并不失时机地予以鼓励，这样方可促进孩子不断地向好的方面发展。

　　每个孩子都喜欢受到父母的赞扬，赞扬的话说得再多他们都不会嫌多。但是很多做父母的总是吝啬自己赞扬的语言，赞赏的次数和批评的次数比起来总是少得可怜，而且总倾向于夸奖孩子的一些天资的方面，例如孩子是不是聪明呀，脑子灵不灵活啊，是不是很细心等，对于孩子后天的努力，尤其是表现出比较微小的努力很不在乎，父母所注意到的往往是孩子出了偏差，需要予以纠正的行为。

　　妈妈去洗漱间，看到儿子浩浩的牙刷又扔在台子上，便叫他："浩浩，你怎么又把牙刷放在外面了？我不是同你讲过牙刷用过后要放回洗漱杯中吗？"浩浩听见妈妈的话，心不在焉地回答："知道了。"妈妈看浩浩未加以注意，便想加强一下"训导"的效果。"浩浩，你过来一下！"

　　"干什么？"浩浩不情愿地放下玩具走过来。

　　"你把牙刷给我放到漱口杯中！"

　　"咳！"他很快地插进牙刷，转身就走。

　　"以后要记住！"

　　"知道了！"

　　第二天早晨，浩浩洗漱后把牙刷放到了洗漱杯中，妈妈并没有在意。到了第三天，牙刷又出现在台子上。

　　"喂，浩浩，怎么又忘记把牙刷放进漱口杯了？"

　　"我以为你忘记了。"

　　"为什么说我忘记了？"

"因为昨天我把牙刷放回去，你什么都没有说呀！"

如果我们细心一点儿，可以发现孩子有意当着你的面将用具摆好，将玩具收起来，总之是一些你希望他们做的事，这时他们的眼中闪烁着期待的光芒，盯着你，等待着你的注意。

当孩子做错事时，需要父母提醒甚至纠正他们，但当他们改正了错误，养成了好习惯后，也需要父母给他们足够的肯定，使他们对自己的正确行为有信心，并有足够的兴趣去巩固自己的成果。

父母应该记住，让孩子在愉悦中学会好的行为，总比在责备中学习好的行为容易得多。每个人对别人的斥责与约束都有内在的排斥性，成人如此，对孩子也是同样，过多的责备与"管束"会引起他们的反感。这种反感自然会产生"反动力"，削弱"管束"的效果，不如正面鼓励的效果来得好。尤其当孩子心血来潮，要做一番好事时，借力推力，充分肯定孩子的行为，为他们讲解这样做对人、对己、对环境的影响，让他们明白原来自己的行为可以对周围的人与环境产生这么多的好影响。

这样的鼓励是必要的，当孩子们意识到自己的举止被大人注意到时，便在内心调整了他们的行为取向，使值得赞扬的行为发扬下去。

这样不断地关注孩子每一点滴的进步，并不失时机地予以鼓励，是一件艰苦的事情，尤其当父母都有许多日常事务要照料时。但考虑一下"纠偏"的难度比"扶正"要大得多时，我们就不会忽视这一点一滴的机会了。

六、不要拿自己的孩子跟别人比较

每一个孩子都有他自己的个性，因此每一个孩子都应该从他自己实际的基础上发展，而不是做别人孩子的复制品。拿自己的孩子与别人的孩子做任何比较都是有害的。

　　小华和小伟是表兄弟，两个人经常一起玩。临近春节了，学校一放假，小华就到大姨家来玩。这天大姨和小华坐在厨房里聊起考试成绩，小华很骄傲地告诉大姨，他除了语文拿了99分，其他功课都得了100分。"你真是好孩子，总是学习这么好。咦，我还没有看见小伟的成绩单，小伟，你来一下。"其实小伟已在楼梯上听到了下面的对话，踌躇着不愿出来。听到妈妈喊他，不情愿地走过来。"小伟，这次考试考得怎么样？成绩单在哪里呢？""在我房间里。"小伟回答。看着他无精打采的样子，妈妈开始有些生气了，"是不是又考糟了？去把成绩单拿来，我要看一看。"成绩单子拿来了，没有一门功课是90分以上的，还有一门不及格，妈妈忍不住地大声训斥起来："你的成绩为什么总这么糟？小华总是得到好成绩，你为什么不能像他一样，你的学习环境哪一点比他差？你就是太懒，总是注意力不集中，不专心听讲。回房间去好好想一想，再来跟我谈。我不想看你这个样子。"虽然已经不是第一次在小华面前受训斥了，但小伟还是很下不了台，含着眼泪回到了房间。

　　小伟与小华从小就在一个学校上学，他们俩家住得很近，来往密切。小华是一个非常聪明的学生，不但学习成绩好，也很有同学缘。小伟觉得自己像个丑小鸭，他多么需要得到善良的鼓励。但他从小就感到来自小华的压力，觉得自己无法比得过他。而妈妈不但没能给小伟以鼓励，反而使他陷入更加泄气的境地。因为妈妈总是夸奖小华，数落自己，这的确让小伟伤脑筋。

　　这里妈妈犯了几个错误，对小伟的教育十分不利：

　　一是妈妈还没看到成绩单，就非常肯定地说小伟一定又是坏成绩，表明妈妈对小伟一点儿信心都没有。妈妈的态度使得小伟完全地放弃了努力，认为自己是一个失败者。

　　二是妈妈又告诉小伟，她为小伟感到惭愧，使得小伟更加认为自己是一个毫无价值的孩子，在妈妈心目中没有地位，不受喜爱，因而会变得情绪低落。

　　三是妈妈又当面表扬了小华，并拿他与小伟比较，使得小伟对自己的能力更加怀疑。她说希望小伟能够像小华，对小伟来讲，这简直是一个不可能的目标。小伟一向认为自己是不能够和小华攀比的，认为根本没有理由去尝试。小伟认为自己怎样努力都不能使妈妈满意，对他的自信心又加了一道障碍。

妈妈或许以为她对小伟的指责是一种"激将法"，旨在让小伟发奋起来，同时将他和小华相提并论以促使他们之间的竞争，以此来提高小伟的学习成绩，但是这种办法对一个从小缺乏被鼓励，缺乏自信心的孩子，只能使他感到更加的软弱无力。

妈妈对两个孩子的当面比较对小华也是有害的。这种比较使小华产生更加强烈的愿望，要永远走在小伟的前面，使他变得过分的有野心，给自己设置越来越高的目标，有时候是高不可攀的目标。如果小华不能达到这个目标，同样也会认为自己是一个失败者。所以这种刺激的结果和竞争的办法，对两个孩子都是没有好处的。

每个孩子都有自己的个性，因此每一个孩子都应该从他自己实际的基础上发展，而不是做别的孩子的复制品。妈妈对小伟本来就没有太大信心，还要不时地表现出来，那么实际上她是不可能帮助小伟进步的。唯一有效的方法就是停止对两人的成绩做横向比较，并关注孩子的每一个微小的进步，让孩子明白无论他的学习成绩如何，只要他努力了，就是好孩子。

七、不要对孩子期望太高

我们总是会对孩子寄予一定的期望，但是，倘若期望值过高，不但不能促进孩子的自信，反而会打击孩子的自信。

王彬 10 岁，是家里唯一的孩子。他的妈妈为他设立了非常高的教育标准，希望他能在各方面都表现出色。除了学校里正常的学业安排外，妈妈还给他安排了许多课余活动：拉小提琴，练体操，上奥数班等。妈妈要求他在所有活动中都成为拔尖的人物。无论是在学校还是在地区活动中，王彬都被认为是难得的优秀的孩子，但是在他的生活中却有一些令妈妈无可奈何的习惯。比如：他对别人的评价非常敏感，略有微词，便情绪低落，而且在行为上经常有神经质的表现。他不像其他同龄孩子那样尽兴地说笑和玩闹，似乎很受压抑。

期望是指为孩子定下标准，以此来衡量他们的行为。过高的期望有时会打击孩子的积极性。

的确，我们应该对我们所爱的孩子有较高的期望。但是，我们所设立的期望与目标应考虑孩子的具体条件及本身愿望，而不是热衷于自身的愿望与利益。如果对孩子设置期望与要求过高，甚至脱离实际，当孩子不能实现目标时，他们会因为不能达到妈妈的要求而自惭形秽，对自己的能力感到怀疑，而从根本上动摇对自己的自信。

所以，父母对孩子的期望要符合孩子的成长发展要求和现实条件，这是一个很长的过程，要一步一步地不断实现，而不是一蹴而就。

用一个例子来说明这个问题。我们期望孩子学会收拾自己的房间，就要先从他们会做的事情开始。让他们把床铺好，把桌椅摆好。这样一步一步地做起，不久他们就能掌握收拾房间的技巧。我们要告诉他们，我们看见了他们的每一个微小的成绩。孩子今天把床铺好了，把桌椅摆好了，基本上已学会怎样整理房间，我们就要鼓励他们继续下去，而不是要求孩子们处处事事满足我们的期望。

我们要让孩子知道我们看出了他们的进步，如果孩子能感觉到自己正在朝正确的方向迈进，他们就会感到鼓舞，因而会更加积极地去争取更大的进步。在这时和孩子聊聊天，既要注意用温和平静的口吻，把话讲清楚，让孩子有亲切感，又要用充满鼓励的眼神，让孩子从家长的眼神看出对他们的满意度。在注意孩子的每一个进步上，做父母的都应及时地给予鼓励。当我们对孩子的每一点进步都有所表示的时候，可以看到非常显著的效果，话语可以很简单，但是孩子却可以心领神会。

父母们要知道，当我们望子成龙，对孩子期望过高时，实际在埋葬他们的自信心；相反，如果我们时刻注意到他们每一点滴的进步，并及时指出，加以鼓励，会使他们充满活力，并且产生要更进一步的愿望。

像王彬这样的例子其实挺多的，许多妈妈对儿子都有很高的期望，这种期望实际上破坏了他们的正常发展。而王彬从小就培养了一种强烈的愿望，要用自己最好的行动来使妈妈高兴。在他的理解中，只有他达到了妈妈的要求，他在妈妈的眼睛中才是完美的，才变得重要。他不敢公开地向妈妈抗争，但是他对别人评价的敏感和其他的神经质的表现，说明这一切对孩子造成了极大的心理压力。在妈妈的高要求下，他失去了一个儿童所应该享受的天真和无忧无虑的生活，而妈妈在很大程度上利用他作为实现自己梦想的工具。王彬并没有从妈妈那里得到一个孩子应有的快乐和自由选择权，如果这种高压政策就这样持续下去，将会给王彬的生活带来不可避免的灾难。

第八章
不要把孩子培养成"书呆子"

一、无字的书也要学

近年来人才市场上出现了高学历低能力的危机。用人单位招人时已从看重硬件——学历，转变到看重心理素质，以及解决实际问题的能力和有没有开拓精神。同时，也已从注重笔试到注重面试，甚至面试胜过笔试。在人才市场上，孩子面对的不再是纸质的试卷，而是一道道生活工作的实践题。好的品质、好的习惯、好的能力是"践行"出来的。因此家长从孩子上学起就要重视解决其高分低能动手差的问题，家教应从单一读书、知践脱节转变为以学为主、知践结合。

有这么一个小故事：

在一艘航行在海上的船上，一位教授傲慢地询问船长的受教育程度。

"你有没有学过天文学？"骄傲的教授问道。

"我不能说我读过。"船长毫不在乎地回答。

"那可以说你浪费了你人生的 1/4，因为根据星座位置，有经验的船长便可以让船顺利地到达世界的任何一个角落。"然后，他又问，"你有没有学过气象学？"

"没有。"船长回答。

"那你几乎浪费了你人生的一半，"教授斥责道，"跟随风势而行可加快船速。"然后他又问，"你有没有学过海洋学？"

"完全没有。"

"天哪！你绝对是浪费了你人生的 2/3 ！明了水文是水手该做的事，只有这样你才能找到食物与帮助。"

几分钟后，船长开始走向船尾。当他缓步前行时，他冷冷地问教授："你有没有学过游泳？"

"没有时间。"教授仰起头骄傲地回答。

"那不管你学了什么东西，你的人生全白费了——船要沉了。"

这个故事告诉我们，学习理论是必要的，但一定要结合实际，书呆子是解决不了实际问题的。

家长都企盼孩子成功，这种愿望是好的。但有的父母只注重孩子的考试分数，忽视了其所学知识和实际的结合应用，忽视了对孩子进行做人与做事的教育，结果培养出来的孩子眼高手低，只会纸上谈兵，不会做人也不会做事。这样的孩子在考场上也许能取得高分，可在人生的舞台上却会失分。

孩子从幼儿园、小学、中学到大学，漫长的二十多年间，无疑是以读书为主，学书本知识、课程知识、课外知识，在学中成长、成人、成才，但也要做到知践合一。

我们说有字的书要学，无字的书也要学。无字的书是指社会实践。著名儿童教育家陶行知先生说："生活即教育。"整个社会是生活的场所，亦是教育之场所。因此，我们又可以说："社会即学校。"放眼社会，接触社会，参加社会实践活动，可以让孩子学到书本上学不到的知识。

你想知道梨子的滋味，必须亲口尝一尝。你想使用电脑，必须多练一练。你想学会经商，必须在商海里摸爬滚打。你想创新科技，必须在实践中历练，不怕挫折。因为实践长才干，历练出人才，孩子要通过知践结合，来提高综合能力。

知践结合内涵丰富，博大精深，这里仅讲部分含义：

一是知书达理，学习掌握做人做事的基本的文化、历史、社会、经济、科技、生活等知识，追求真正的学问。

在 20 世纪 30 年代的清华园，学生时代的钱钟书就立志要"横扫清华图书"，即把清华图书馆 130 多万册藏书从 A 字第一号开始通览一遍，有的还要做批注；他上课从来不做笔记，还浏览其他书刊，可是一到考试，只要略加复习，他便可考出优异成绩。

钱钟书在清华读书 4 年，共读了 33 门课程，29 门必修，4 门选修，包括英文、法文、伦理学、西洋通史、古代文学、戏剧、文学批评、莎士比亚、拉丁文、文字学、美术史等，除第一学年体育和军训术科（第二学年以后这两门课获准免修）吃了"当头棒"外，其余绝大部分都是优秀。钱钟书的成绩，当时在文学院和全校都是罕有匹敌的。

直至钱钟书先生去世前，他一直在孜孜读书，乐此不疲。

虽然钱钟书先生一生孜孜读书，但他不主张做"书呆子"，而是强调追求真正的学问。可以说，钱钟书先生毕生都在追求真正的学问。他的《管锥编》一书，包括了古今中外近 4000 位著名作家的上万种著作中的数万条资料，内容几乎涉及全部的社会人文科学。对众多学科的知识进行比较、评说，并做出结论。这是一部充满人生感悟和洞察力的书。它谈愚民、谈酷吏、谈冤狱、谈艺文、谈方正圆滑、谈世道人心，是一本纵横捭阖、浩浩荡荡，如大江一样奔腾的皇皇巨著。

钱先生的真知卓识源于他综合思考的治学方法。他认为要多读书、多比较，从中发现问题，认真思考。在许多时候，则应变换视角，发掘新意，触类旁通，达到"通识"。

二是专业的知识技能。在较长的学习生活中逐步形成自己的理想、兴趣、特长、志向、目标，打好日后的职业知识技能的基础。

三是培训实现人生目标必需的基本能力。包括独立自主的能力、人际交往的能力、合作共事的能力、正确决策的能力、创新的能力、抓住机遇的能力。

二、调适孩子的身心健康

现在社会比较关注孩子的知识学习，加上"应试教育"影响，家长、学校都过于偏重让孩子埋头读书学习，忽视了孩子的身体锻炼。不少青少年早晨不做早操，课外不锻炼，一天到晚看书做作业，晚上又坐到电脑、电视前，这样下去，孩子的脑子也会因缺氧、过度疲劳而不听使唤，学习效率也会随之降低，长此以往，身体素质就会越来越差，近视眼越来越多，胖墩儿也越来越多。

重智轻体，过重的学习负担严重损害了少年儿童的身心健康发展。

著名心理学家王极盛先生公布的对全国中学生的多年调查结果发现，32%的中学生有不同程度的心理问题。主要表现有十个方面：

学习有很大压力感。

偏执。总觉得大多数人不可信任，自以为是。

敌对。经常与人抬杠或者有暴力倾向。

人际关系敏感。

抑郁。认为学业、前途、未来没有希望，整日没精打采。

焦虑。心里烦躁。

自我强迫现象。明知没必要做还要做。

适应不良。

情绪不稳定。

心理不平衡。对他人比自己强或获得了高于自己的荣誉而感到不平。

据调查，上海高校的大学生中30%以上有不同程度的心理疾病，包括焦虑症、恐惧症、强迫症、抑郁性神经症、神经衰弱症等。研究生杨某某因抑郁自杀事件、大学生马加爵杀人事件等等，令人触目惊心。

据前几年的一项调查表明，上海市大学生的征兵体检合格率只有30%左右，主要是学生体质较差，视力不佳。上海市高校招生，有不少专业对考生身体素质有较高要求，有许多高中毕业生虽然高考成绩很好，却只因身体素质不合格而失去了深造的机会。

毛泽东从小注重全面发展的故事，很值得世人借鉴：

1917年6月，湖南省立第一师范开了一次人物互选活动，包括德、智、体等诸多方面20个项目。全校学生参加，毛泽东得票最高。在德智体三方面都有得票者，只有他一人。毛泽东这样一位伟人公开发表的第一篇文章，竟然是体育论文《体育之研究》。他学生时代的体验可以说是丰富多彩，可是许多年后，他对自己体格锻炼和意志磨砺的事依然记忆犹新。

毛泽东12岁时曾生了一场大病，身体非常瘦弱。他为了实现"与天奋斗，其乐无穷；与地奋斗，其乐无穷；与人奋斗，其乐无穷"的远大志向，开始锻炼体格，磨砺意志。他锻炼的项目很多，如日光浴、雨浴、冷水浴、游泳、登山、露宿、长途跋涉、体操和拳术等，而且因地制宜，就地取材，坚持不懈。星期日、寒暑假期间，毛泽东就约同学长途远足，沿途了解风土人情和人民生活状况，既是社会考察，又是锻炼体格，提高了其适应各种环境的能力，培养了他的信心和毅力。

毛泽东在学生时代对体育就有十分深刻的认识，并且身体力行。他说："德、智皆寄于体，无体是无德智也。""体者，载知识之车而寓道德之舍也。"他对我国的教育忽视体育，严重损害学生身体的状况，进行过强烈的抨击，强调指出，教育要德、智、体三者并重。体育运动要不重言谈，贵在实行和有恒。

毛泽东从小重视体育，使他具有强健的体格和坚强的意志。

现代社会是个竞争空前激烈的社会，每个人都逃脱不了竞争和考验，要在这样的环境中自立，必须得有强壮健康的体魄。

三、让孩子保持积极心态

失败是成功之母。失败有时会给人带来意想不到的好处。家长应教育孩子拥有一颗平和的心，保持积极的心态，吸取失败的经验教训，面向明天，保持坚忍不拔的恒心和毅力，更加努力，更加刻苦，去夺取胜利。

情绪人皆有之，且伴随我们一生。在我们一生的学习、生活、工作中，我们会遇到各种情况，有时生活在压力下，有时遭遇不幸，有时碰到困难或不顺，有时不被理解，有时被疾病缠身，有时又可能一帆风顺，由此我们会产生欢乐、忧伤、愤怒、恐惧、悲哀等各类情感。情绪的好与坏直接影响人的学习工作效率、健康乃至一生幸福与否。

不善于控制情绪，会使我们失去很多。许多青少年与人相处不易，常为一点小事、小利就与周围的人闹别扭、吵架，甚至动手，事后又后悔，内心很难平静。很多青少年不缺乏才华，不缺乏机遇，可就是因为不善于控制情绪，最后失去了很多成功的机会，还让不良情绪害了自身的健康。

现代社会竞争激烈，人际交往也更加频繁，这就需要我们学会克制自己的不良情绪。只有始终保持良好的情绪，我们才能顺利赢得一切。我们必须学会做自己情绪的主人而不是奴隶，这一点对我们一生成功与否、身体健康与否关系重大。

总是懒散沮丧、不快、不想干活、不愿出门与人打交道，这说明我们已成了情绪的奴隶，长此以往，我们就与幸福和成功无缘了。

总是觉得信心百倍，相信自己一定能做好应该做的工作，而且会做得很出色，我们看上去就会与众不同！肯定能更好地发挥自己的潜能。不为沮丧、恐惧和焦虑等情绪所左右，那么我们就是一个优秀的人，一个身心健康的人。

人非神仙，免不了七情六欲，有情绪是正常的，关键是如何控制好它，不要让它信马由缰地破坏我们的思想，从而破坏了我们的形象、学习、人际关系和工作前途。当然做情绪的主人并不意味着完全抑制情绪，而是要掌握它，可以寻找合适的、不伤害他人、不影响自己的方式来宣泄不良情绪。

《老太太如何变开心》的故事应当对我们有所启发：

有这样一个老太太，整天为两个儿子发愁。她的大儿子是染布的，二儿子是卖伞的。天一下雨，她就会为大儿子发愁，因为不能晒布了；天一放晴，她就会为二儿子发愁，因为不下雨二儿子的伞就卖不出去。老太太总是愁眉紧锁，没有一天开心的日子，弄得疾病缠身，枯瘦如柴。邻居便告诉她，为什么你不反过来想呢？天一下雨，你就为二儿子高兴，因为他可以卖伞了；天一放晴，你就为大儿子高兴，因为他可以晒布了。老太太恍然大悟，从此以后每天都是乐呵呵的，身体也自然健康起来了。

我们许多成年人，带领一个单位，带领一个公司，都干得很好，可是自己的孩子却往往带不好。咱们身边这种例子还少吗？我觉得许多家长在认识上有一个误区：他们把孩子学习成绩的好坏，简单地归结到聪明不聪明，用功不用功上。可是，大量的经验告诉我们：对大多数学生来说，学习成绩差不是智力因素出了问题，而是非智力因素出了问题，心理上出了问题。所以，家长帮助孩子调适心理，比敦促他们做作业或辅导他们功课重要得多。

积极的心态，是指心理状态是乐观的，态度是积极平和的。

积极平和的心态是成功的起点，是一个成功者必备的基本素质之一。积极的心态能够使人上进，能够使人战胜病魔，能够激发人潜在的力量，能够使人愉快地接受意想不到的任务，适应意想不到的变化，宽容意想不到的冒犯，做好想做又不敢做的事，获得更多的发展机遇，取得他人所不能取得的成绩。而消极的心态压着人，就像一个长途跋涉的人背上的无用沉重的大包袱一样，使人看不到希望，伤心损体，也会让人因此失掉许多唾手可得的机遇。

一个拥有积极心态的人看见的是成功的一面，觉得生活中总是阳光普照，处处是春；而悲观失望的人看见的则是失败的一面，他们总觉得这也不好，那也不行。

拥有积极平和心态的人，是乐观的，热情的，善于行动的人，同时，他们的思维也是活跃的；他们的心理是健康的，人际关系是和谐的，性格是随和的；他们在事业上要比普通的人、消极的人容易获得成功。

我们不能控制他人，但我们可以掌握自己；我们不能选择容貌，但我们可以展现笑容；我们不能左右生活，但我们可以改变心情。积极的心态不是天生的，而是后天养成的，是人主动创造出来的。为了培养积极的心态，家长应帮助孩子充分认识积极与消极的辩证法，要让孩子心怀积极的想法，友好地对待别人，要帮助思想消极的孩子振奋起来。要教育孩子拥有一颗平和的心，正确地对待生活、工作和他人，笑对世界，笑对人生。

第九章
给孩子灌输经济智商

一、从小就培养孩子的经济智商

当今时代是一个不需要赊账本的时代，我们生活在一个连打车费都能用信用卡结算的"信用卡王国"。没有现金也可以随时随地买到想要的商品，得到需要的服务，这是多么方便的世界啊！但是，信用卡在提供方便的同时，也成了极其危险的工具，它瞬间就能使持有者成为负债者。让人们先消费后还款的信用卡就像人们钱包里的一颗不知何时会爆炸的"炸弹"。

几年前，韩国的"信用卡内乱"导致数百万人成为信用不良者，韩国经济也因此受到影响。信用卡用好了是"良药"，用不好就是"毒药"。但是，信用管理能力不是某一天可以突然获得的，而是要通过早早接受正确的经济教育并养成良好的习惯培养出来的。

现在的年轻父母出生并成长在"储蓄是美德"的时代，在20世纪70年代，银行还有专门为小孩子设立的"小朋友窗口"。看到在银行窗口前踮着小脚、着急地举着小手、稚声稚气地要存钱的小孩儿，真是一件让人高兴的事情。在小孩子的钱都要存起来作为企业资金的困难时期，储蓄是至高无上的美德。

"储蓄是美德"的时代也是高利率时代。政府为经济发展节约每一分钱，为了鼓励储蓄，一直实行高利率政策。在那个人人都不富裕的时代，很多人都勒紧裤腰带去存钱——高利率是最有效的激励手段。人们一分一分地存，期满后再把本金和利息续存，加上利息高，时间越久，存款就越多。利息增加，存折上的金额就会不断增加，那个时代，存钱是一种让人很满足的乐事。

孩子们未来生活的时代是投资的时代。韩国从外汇危机中摆脱出来后，进入了全球化的低利率时代，韩国经济正式进入低增长时期，高利率时代成为历史，一去不复返。微薄的利息，还需要扣税，相对于飞涨的物价，存钱反而会亏。

如今，与存钱或攒钱相比，更常见的是投资，如买股票、买基金。资产管理的核心从储蓄转为投资，资金正在流动。但是投资不是总能获利的，投资一定是伴随着风险的，风险是收益的影子。世上没有免费的午餐，要想获得高收益，就要承担高风险。

盲目自信，轻率投资，会让人流下悔恨的泪水。要想降低风险，增大成功的可能性，最重要的是积累投资经验。在储蓄上，每个人存的钱的利率都是一样的，而投资却是懂得多的人获得的收益也多，所以了解关于投资的知识是在这个时代生存不可或缺的。

现在的一代与其父母一辈的不同之处，就是生活在消费的时代。我们父辈小的时候，胶鞋、运动鞋都是补着穿，衣服也是捡别人的穿。在物资紧缺的时代，不必要的消费就是浪费，浪费是一种罪恶。但是现在好端端的衣服，不流行了就扔掉。网上、电视上、公共汽车上、地铁上，目光所及的地方都充斥着广告。在巨大的消费诱惑和奔涌而来的广告洪流中，人们的消费欲望被不断地刺激着。

那么在信用时代、投资时代、消费时代，对孩子们来说什么能成为竞争力呢？不是智商，也不是情商，而是经济智商。智商和情商从某种程度上来说都是先天的，经济智商则是后天培养的。

2000 年诺贝尔经济学奖获得者、芝加哥大学的经济学教授詹姆斯·海克曼认为，人成长的最重要的时期是 0 ～ 15 岁，也就是说，除了先天的生理条件外，人的智商、情商在 15 岁前就已经定型了，其后再在这方面接受教育，效果也不大。如果养成了不好的经济习惯就很难改正，搞不好其后果会比打不好语文、数学、英语的基础更糟。但父母们却急于对孩子先进行其他科目的教育而疏于经济教育，往往认为完成学校教育后再进行经济教育也不迟。

父母认为孩子的经济活动是毕业之后才开始的。但孩子在此前俨然就已经是一个独立的经济个体了。孩子在学校买零食及学习用品的活动，都是经济活动。

报纸上曾报道说韩国"小学生文盲"的问题非常严重。因为韩文很简单，韩国的教育普及程度较高，人们一直以为文盲是不可能有的，所以读了这篇报道后都感到很意外。不过，文中所说的不是文盲，而是"经济文盲"。金融监督院测试了小学生的经济（金融）知识，满分为 100 分，结果平均分只不过 57.5 分，对于经济知识近乎文盲的水平。更严重的是，年级越高平均分数越低，中学生是55.5分，高中生是48.2分。

现实如此残酷，而父母却只是"隔岸观火"，都认为孩子不懂经济也能上大学，所以没必要在这方面费心思。但是事实真的是这样吗？美国国家经济研究所，曾对经济教育的效果进行过调查．以高中毕业15～20年的成年人为对象，以高中时是否修过经济教育作为评估指标调查人与人之间的差异。从收入水平、储蓄率、个人破产及整体的生活满意度来看，高中时受过经济教育的人情况要好很多。这是经济教育影响孩子未来的一个实例。

人是经济动物，不论是喜欢经济还是讨厌经济，都不能脱离经济而生存，所以，如果不懂经济就会像文盲一样痛苦地生活。一句话，这是一个"经济文盲"难以生存的世界。

文盲的概念是随着时代的变化而变化的。过去不会读书写字的人是文盲，在信息化时代不会用电脑的人是文盲（通常都叫这样的人是"电脑盲"）。在今天这个经济根植于生活当中的经济时代，不懂经济，就是"经济文盲"。

二、经济教育对家长和孩子同等重要

美国阿拉斯加州州长萨拉·佩林的自传曾一度成为人们谈论的话题。佩林在2008年美国大选中作为共和党副总统候选人进入人们的视线，此后出了"佩林综合征"等新名词，成为人们谈论的焦点，引起了人们的关注。她在选举初期抱着自己5岁的小儿子出现在演讲现场，她为了孩子和家人竭尽全力的母亲形象和力推"妈妈效应"的做法，得到了选民的拥护。特别是她总称自己为"冰球妈妈"。阿拉斯加的孩子们喜欢玩冰球，所以很多妈妈都是等孩子们放学后带他们去冰球场的。冰球妈妈指的就是为了教育孩子而积极奔走的妈妈。

为了子女教育而竭尽全力的妈妈们，对孩子一生都需要的经济教育却往往不关心。我们一生中经历的困难大部分都与经济问题密切相关。当然父母也都知道经济问题非常重要，却简单地认为只要多赚钱这些问题就都能够解决。只有好好学习才能上好大学，只有从好大学毕业才能有一份稳定的、赚钱多的工作，只有这样才能找到一个好的结婚对象，生活才会好，总之，只要学习好，孩子的一生就是五彩斑斓的，幸福也会唾手可得。

但是大部分经济问题不是因为赚的钱少，而是管不好所赚的钱。同样的工资，生活却有天壤之别。有的人节约着花钱，积攒下了财富；有的人则不考虑未来，挥金如土。著名诗人纪伯伦说："钱就像管弦乐器，不会使用的人会奏出不和谐的声音。"也就是说，理财方式不同，幸福指数也会不同。

但是父母在教育孩子如何赚钱上倾尽全力，而在如何理财上却毫不关心。对于孩子来说最重要的不是考第一，而是获得生活的智慧。人生不会一路坦途，更多的是坎坷，懂得经济知识的孩子较容易战胜生活的困苦。

经济教育不是可有可无的，如果不从现在就开始，孩子就不能成长为一个能够自己承担经济责任的大人。日后父母不在了，孩子们会因为这姗姗来迟的"学习"而吃苦头。所以在这瞬息万变的时代，父母们要想把孩子教育好，就要先转变思想。

美联储前主席格林斯潘指出："如果不想因采用错误的理财方式而遗憾终生，必须从小就开始对孩子进行经济教育。"也就是说，从小学、初中开始就要对孩子进行经济教育，提前打好经济教育的基础，这样可以在很大程度上预防年轻人因为一时的错误决定而终生受到经济问题的困扰。

经济教育中最重要的是孩子和父母一起学习经济知识。如果不想用自己的养老金来偿还子女的债务，就要教会孩子用钱、理财的方法。在这一点上，经济教育的真正受益人是父母。

在韩国，孩子在幼儿园入园时，园方不是问孩子的父亲的职业是什么，而是问爷爷的职业是什么，因为很多人在子女结婚组建家庭后，还要继续抚养孙子。妈妈们之间流传着这样的笑话："小学时要有个好妈妈，中学时要有个好爸爸，高中以后要有个好爷爷。"小学成绩好坏取决于妈妈的精心照顾，正式开始为大学考试做准备的中学时期，课外辅导及语言学习都需要花费很多钱，爸爸和爷爷的财力是后盾；大学毕业后，开始工作了，赚的钱不够多，还要父母帮忙买房子，甚至还要父母给零花钱。围着结了婚的子女团团转，时时刻刻都在为子女做事，这样的比比皆是。工作了，结婚了，有了孩子的中年子女还要再向老年父母要养育费，"三代大袋鼠"、"啃老族"这样的新名词儿也就应运而生。

如果孩子长大之后还要父母给予经济上的资助，那么父母努力准备养老金又有什么用呢？法轮大师说："父母不要干涉子女的人生，好好度过自己的一生就行了。"孩子要过好孩子的日子，父母要过好父母的日子。在这一点上，父母的未来取决于孩子们现在持有什么样的经济观念。让孩子对经济"睁开眼"，让他们独立，这才是父母做养老准备的上上之选。所以说，经济教育既是为了孩子的未来而进行的教育，也是为了父母的未来而进行的教育。

三、 "父亲力"是孩子人生的导航仪

新近流行的一个词叫"父亲力"，这个词是对父亲在教育孩子时重要作用的一种象征性表达。在 2008 年北京奥运会女子举重项目中打破 7 项奥运会纪录、刷新 5 项世界纪录、最终站上冠军领奖台的张美兰，她就有一位这样的父亲。学生时代曾经练习举重的父亲张镐 确信从小就体格强壮、运动神经发达的女儿日后一定能够在举重上成大器。但是张美兰却很反感："为什么要让女孩子练举重？"朋友们为了让自己看起来更漂亮都在减肥，而自己为了比赛却要增肥。其实张美兰在初中三年级时还曾经从举重队里逃跑过一次，但是最终还是顺从了父亲的意志，她现在已经成长为世界上最强壮的女大力士。张美兰的父亲每次大赛都不例外地用摄像机记录下女儿比赛的场面，再针对比赛进行指导，是一位名副其实的"举重爸爸"。有这样一位父亲在身边，张美兰总是信念坚定，也才有了今天获得冠军的成就。

以前的父亲都认为教育子女只是做母亲的责任。直到不久前，在子女教育上还是母亲付出得更多，而父亲则很少关注。2006年日本国立女性教育会馆以韩国、日本、美国、法国、泰国、瑞典为对象实施的"关于家庭教育的国际比较调查"发现，韩国父亲与孩子们一起度过的时间最短，平均每天2.8个小时，有一大半的父亲与孩子对话的时间不足5分钟。

但是，最近在孩子教育上下功夫的父亲正在增加。这与过去的出发点不同，不仅仅是为了减轻母亲负担而帮忙。"大雁爸爸"自不必说，为了让孩子在好的学区上学，对自己远距离上下班毫无怨言；有的父亲为了能够跟自己的孩子一起参加义工活动而请假；还有的父亲辞掉工作专注于对孩子的教育。所谓的"父亲力"正在轰轰烈烈地兴起，这是因为社会发展变化快，孩子所需要的教育也日益多样化，母亲也难以独自担当。

"父亲力"的威力在经济教育上发挥的作用更大。父亲是家庭经济的支柱，是在现场工作的"经济人"。股神沃伦·巴菲特和被称为"南美的洛克菲勒"的墨西哥电信大亨卡洛斯·斯利姆·埃卢，分别列2008年"福布斯世界富人榜"第一位和第二位。两人都在自己的领域取得了巨大的成就，拥有数不清的财富。他们有一个共同点，就是小时候在父亲的带动下打下了成为富人的基础。

使沃伦·巴菲特成为传奇人物的就是他的父亲是内布拉斯加州奥马哈市的证券经纪人，后来成为下议院议员，是一位白手起家的人物，他使儿子早早就认识了投资和股票市场。

沃伦·巴菲特8岁时就读了父亲写的股票投资指导手册，11岁开始了第一次股票交易。巴菲特在父亲的办公室里帮助父亲记录股市的大盘走势，这是他第一次接触股票。巴菲特出生的1930年，美国正处于经济大恐慌极为严峻的时期。父亲霍华德也受到大恐慌余波的冲击，遭受了生活的困苦，但是他对沃伦·巴菲特未来的投资却从来没有松手过。

霍华德在巴菲特6岁时给了他20美元作为礼物，并办了存折。5年后这笔钱增加到了120美元。巴菲特11岁时用这笔钱买了3股价值38美元的股票，跨出了他漫长的投资旅程的第一步。但是股票一下跌，他就很担心，所以他在有5美元的收益时就将股票卖掉了。但是股票刚卖掉就立马涨到了每股 200 美元，这让他认识到投资需要耐心。如今他以长线投资而闻名。这样看来，当时父亲给他的 20 美元的存折是造就今天巴菲特步入世界富人行列的开始，也就是说，他从小就积累了投资经验，寻找投资感觉，因此才成为世界上最成功的投资人之一。巴菲特说："对我影响最大的不是别人而正是我的父亲，父亲就是我的英雄。"他强调说，"要想让孩子管好资产，父母不是要用言语而是要用实际行动做出表率。"

将来，长大成人的孩子们会不会想到当年父亲为了自己的未来而做了些什么，会不会感动得流泪？就像孩子是父亲的希望一样，父亲是孩子的人生榜样。孩子会因父亲的一句话、一个眼神而笑、而哭、而实现梦想、而放弃希望。斯蒂芬·波尔特在《父亲的因素》一书中指出："父亲对所有子女的人际关系都有影响"，这就叫作"父亲的因素"。

对孩子来说最好的经济学老师就是自己的父亲。孩子将来有什么样的经济观念，会开始什么样的社会生活，都取决于父亲。美国前总统克林顿，在选举中高喊"傻瓜，这是经济问题"的口号，以压倒性的优势战胜了老布什。他一语中的，指出了问题的核心，这句口号也戏剧性地改变了选举结果。

应当对父母们说一句话："醒醒吧，这是榜样的问题。"对孩子进行经济教育前，首先要回头看看自己的生活。真正为孩子的未来考虑的话，父亲们到了应该发挥"父亲力"的时候了。

四、你是孩子合格的经济学老师吗？

孩子最好的经济学老师就是父母。最好的经济学老师不是让孩子坐在课桌前打开书本的人，而是应该在生活中做孩子的榜样，通过榜样的力量来引导孩子形成正确的经济观念的人。那么，正在读本书的父母们，你们会是得多少分的老师呢？做一下自我测验吧：

1）孩子在问关于金融或经济的问题时给了他（她）简单明了的解释。
　　是（　　）否（　　）

2）曾经带孩子去过自己工作的地方，跟他说过自己做什么工作。
　　是（　　）否（　　）

3）给孩子读报纸的时候，不会跳过经济版。是（　　）否（　　）

4）将家庭生活账簿生活化。是（　　）否（　　）

5）与孩子一起读经济报纸，给他解释内容。是（　　）否（　　）

6）以孩子的名义开储蓄账户，让他自己管理。是（　　）否（　　）

7）召开以"钱"为主题的家庭会议或家庭财务会议。是（　　）否（　　）

8）让孩子记零花钱流水账，并定期检查。是（　　）否（　　）

9）奖励孩子在家庭以外赚钱的经历，如在跳蚤市场摆摊或打工等。
　　是（　　）否（　　）

10）与孩子一起记家庭账簿或给孩子看账簿，与孩子共享家庭经济。
　　是（　　）否（　　）

11）孩子自主决定零花钱的用途（使用范围）。是（　　）否（　　）

12）即使孩子的零花钱用完了，也要等到规定的支付时间再给。
　　是（　　）否（　　）

13）与孩子交流"零花钱计划"。是（　　）否（　　）

14）曾经带孩子去过捐赠现场和义工活动现场。是（　　）否（　　）

15）带孩子去金融机构，对孩子说明金融机构的工作性质、工作流程、金融
商品等。是（　　）否（　　）

16）有孩子喜欢的或家里需要的东西时，让孩子调查质量、款式、价格等后
自己购买。是（　　）否（　　）

17）认为与孩子谈钱的事情不太好。是（　　）否（　　）

18）虽然为孩子办了存折，但是从开户到存钱都是父母代办，存折只是孩子
"名义上的存折"。是（　　）否（　　）

19）根据成绩的好坏增加或减少零花钱。是（　　）否（　　）

20）孩子不干约定好的家务或杂活时就减少他（她）的零花钱。

是（　）否（　）

21）经常有代孩子保管的压岁钱或零花钱"不还给"孩子的情况。

是（　）否（　）

22）经常有拗不过孩子给孩子买东西的情况。是（　）否（　）

23）不是定期给零花钱，而是孩子什么时候要什么时候给。

是（　）否（　）

24）心情好的时候，背着丈夫（妻子）给孩子零花钱。是（　）否（　）

25）孩子纠缠着要买什么东西时，经常用"下次"来搪塞。

是（　）否（　）

打分方法：

1~16题，"是"为1分，"否"为0分；17~25题，"是"为0分，"否"为1分。

10分以下，家庭经济教育不及格。

父母对孩子的经济教育不关心，孩子对经济一无所知，弄不好会成为"经济文盲"。不用说孩子的未来，就是父母自己安享晚年也成问题。好的经济观念不是一天两天就形成的，父母要检讨自己，现在就要开始关注对孩子的经济教育。

11~15分，家庭经济教育一般。

经济教育达到了中等水平，但也绝不能掉以轻心，要铭记经济教育是孩子与父母共同的问题。现在对经济教育倾注了多少心血决定着孩子和父母的未来。好好运用清单，查漏补缺，不知不觉间孩子就会对经济知识着迷并懂得越来越多。

16分以上，家庭经济教育优秀。

父母对孩子的经济教育做得非常好，要是再系统一些的话，效果会更好。自我检查不是一次就结束了，而是要继续下去。每月检查一次，看看有什么变化，运用"每月自我检查得分变化表"进行比较，好的习惯在持续的检查和实践中就会自然而然形成。

第十章
把孩子培养成高情商

一、情商就是智商以外的一切内容

一个人的成功，智商的优劣占20％，情商的优劣占80％，从而可以得出这样一个公式：20％的 IQ+80％的 EQ=100％的成功。如果要造就一个优秀的孩子，让他将来事业有成，那么从小就要重视培养他的情商。

情商（EQ），是美国哈佛大学心理系教授丹尼尔·戈尔曼在1995年出版的《情感智力》一书中提出的。所谓情商，其实指的就是情感智力，"EQ"是"情感智力"的英文缩写，指有良好的道德情操，有乐观幽默的品性，有面对并克服困难的勇气，同时它也是一种自我激励，持之以恒的韧性，是同情和关心他人的善良，是善于与人相处，把握自己和他人情感的一种能力。简而言之，它就是指人的一种情感和一种社会技能，是智力因素以外的一切内容。

随着世界步入网络时代，人际交往的增多，情商越来越被人们所重视。它被人们普遍认为是通往成功的必备素质。丹尼尔教授认为一个人的成功，智商（IQ）的优劣占20％，情商的优劣占80％。为此，推出的成就方程式为：20％的 IQ+80％的 EQ=100％的成功。由此可知，如果要造就一个优秀的孩子，让他将来事业有成，从小就要重视情商的培养。

一般来说，情商可以分为五大类内容：

1. 了解自己的情绪

认识情绪的本质可以说是 EQ 的基石，这种随时能感觉得到的能力，对于了解自己来说非常重要。不了解自身真实感受的人必然会沦为感觉的奴隶，相反，只有掌握了自己感觉的人才能成为自己生活中真正的主宰，在面对婚姻或是工作等一些人生中的大事时，也会做出正确的抉择。

2. 控制、管理好自己的情绪

情绪的控制和管理是建立在自我认知的基础上的，即：如何自我安慰，摆脱焦虑、灰暗或不安的心情。这方面能力比较匮乏的人会常常和那些低落的情绪进行交战，而对这些掌控自如的人则能很快走出生命的低潮，重新出发。

3. 用自己的情绪激励自己

无论是要集中注意力、自我激励还是发挥创造力，将情绪专注于一项目标是绝对必要的。无论成就什么事情都要靠情感的自制力——克制冲动与延迟满足。保持高度热忱是一切成就的动力，一般来说，能够自我激励的人不管做什么事情都会有很高的效率。

4. 了解别人的情绪

同情心也是一种基本的人际技巧，同样建立在自我认知的基础上。具有同情心的人比较能从细微的信息中察觉到他人的需求，这种人特别适合于从事医护、教学、销售与管理的工作。

5. 和周围的人友好相处

人际关系也是管理他人情绪的一种艺术。一个人的人缘、领导能力、人际和谐程度都和这项能力有关，充分掌握这项能力的人往往会是社会上的佼佼者。

当然，不同的人在这些方面的能力也是不同的，有些人可能会很善于处理自己的焦虑，却对别人的哀伤不知从何安慰起；而有些人在处理别人的事情时能够非常理性，但是在面对自己的事情时就会乱了方寸。这些基本能力可能是与生俱来的，没有什么优劣之分，但是人的可塑性是很强的，不管是哪一方面的能力不足都可加以弥补或是改善。

如今，大人们面对的是快节奏的生活，高负荷的工作和复杂的人际关系，没有较高的 EQ 是难以获得成功的；孩子们也是生活在一个马不停蹄的环境里，繁重的学业使他们喘不过气来，同时还要和同学们搞好关系，只有拥有较高的 EQ，才会使他们在这样的社会状态下生活得游刃有余。EQ 高的人，人们都喜欢同他交往，总是能得到众多人的拥护和支持。权变理论代表人物之一弗雷德·卢森斯对成功的管理者（晋升速度快）与有效的管理者（管理绩效高）做过调查，发现两者之间显著的不同之处在于维护人际网络关系，支持成功的管理者最多，占48％，而支持有效的管理者只占11％。可见，在职场中，要获得较快的成长，良好的人际关系是排在第一位的。

　　情商在估价一个人的整体素质方面也有着重要的作用。心理学家认为，情商与智商不太一样，它是靠后天培养的。因此，情商也是父母培养孩子能力和素质的一个不可忽视的内容。而且，从现在社会的发展和对人才的需求来看，仅靠知识是难以在社会上立足的。未来社会需要的人才不仅要有较高的才智、健康的身体，还要有高尚的人格、优良的品质、坚强的意志和不怕挫折、经得起失败考验的健康心理。就学习而言也是如此，即使一个孩子有了再好的智力，却没有好的学习动机，没有意志力，其学习是很难搞好的。另外，道德在很大程度上讲，是给智力把关的。学习成绩优秀的学生进入社会后犯罪的事例并非罕见。所以，培养孩子高尚的情商是父母所必须做的事情。

　　独立生活的能力是孩子成才和立足于社会的基本能力。独立生活能力弱的孩子往往伴有胆怯、懒惰、消极等习性，而未来社会需要的是积极进取、勇于竞争、不畏艰难的人。父母们要站在时代的高度，在开发孩子智力的同时，重视对孩子非智力素质的培养，这样才能让自己的孩子在未来的社会上有立足之地。

二、情商VS智商

　　长期以来，人们习惯于将智商作为衡量人才的标准，而现代研究表明，让孩子成才成功的决定因素不仅仅是智商，从很多方面看，情商显得更为重要。

　　一个人的智商可以使他具有非常丰富的知识，使他能顺利地得到一份工作。

如果他能有稳定的情绪，适应环境的能力，对外界和上司、同事没有什么过分的要求，对自己有正确的评价，不会让外界影响到自己的情绪，在受到挫折时有重新再来一次的激情，并可以对自身的心理素质进行不断地提高，不会怨天尤人或悲观失望。这样他的智商和潜能就会得到充分发挥，在工作中游刃有余，走向成功。与之相反，如果一个人的智商很高，却常以此自负，情商低下，天天为自己周围并不理想的环境所困扰，那他的结局或是愤世嫉俗、孤芳自赏，与社会、公司、同事融不到一起；或高不成低不就，一辈子碌碌无为；或是走上邪门歪道，毁于高智力犯罪。由此可见，一个人是否可以成功，情商与智商的作用一样重要。

智商和情商都是一个人重要的心理品质，都是事业成功的重要基础。它们的关系如何，是智商和情商研究中提出的一个重要的理论问题。正确认识这两种心理品质之间的差异和联系，有利于更好地认识一个人的自身，有利于克服智力第一和智力唯一的错误倾向，有利于培养更健康、更优秀的孩子。

情商与智商有些什么区别呢？

首先，智商和情商反映着两种性质不同的心理品质。智商主要反映人的认知能力、思维能力、语言能力、观察能力、计算能力、律动能力等。也就是说，它主要表现人理性的能力。它可能是大脑皮层，特别是主管抽象思维和分析思维的左半球大脑的功能。情商主要反映一个人的感受、理解、运用、表达、控制和调节自己情感的能力，以及处理自己与他人之间的情感关系的能力。情商所反映的是一个人把握与处理情感问题的能力。情感常常走在理智的前面，它是非理性的，其物质基础主要与脑干系统相联系。

其次，智商和情商的形成基础有所不同。情商和智商虽然都与遗传因素、环境因素有关，但是，它们与遗传、环境因素的关系是有所区别的。智商与遗传因素的关系远大于社会环境因素。据英国《简明不列颠百科全书·智力商数》词条载："根据调查结果，约70%～80%智力差异源于遗传基因，20%～30%的智力差异系受到不同的环境影响所致。"情商的形成和发展，先天的因素也是存在的。美国心理学家艾克曼的研究表明，从未与外界接触过的新几内亚人能够正确地判断其他民族照片上的表情。但是，情感又有很大的文化差异。从近代史研究中也可以看到，人的情感容易受到社会环境的影响，人总是有着根深蒂固的从众心理。

第三，智商和情商的作用不同。智商的作用主要在于更好地认识事物。智商高的人，思维品质优良，学习能力强，认识有深度，容易在某个专业领域做出杰出成就，成为某个领域的专家。调查表明，许多高智商的人会成为专家、学者、教授、法官、律师、记者等，在自己的领域有较高造诣。情商主要与非理性因素有关，它影响着认识和实践活动的动力。它通过影响人的兴趣、意志、毅力，加强或弱化认识事物的驱动力。智商不高而情商较高的人，学习效率虽然不如高智商者，但是，有时却能比高智商者学得更好，成就更大。因为锲而不舍的精神使勤能补拙。另外，情商是自我和他人情感把握和调节的一种能力，因此，对人际关系的处理有较大关系。其作用与社会生活、人际关系、健康状况、婚姻状况有密切关联。情商低的人，人际关系紧张，婚姻容易破裂，领导水平不高。而情商较高的人，通常有比较健康的情绪，比较完满的婚姻和家庭，有良好的人际关系，容易成为某个部门的领导人，具有较高的领导管理能力。

诸多证据显示，EQ较高的人在人生各个领域都有较多优势，无论是谈恋爱、人际关系或是理解办公室政治中不成文的游戏规则，成功的机会都比较大。此外，情感能力较佳的人通常对生活比较满意，比较能维持积极的人生态度。反之，情感生活失控的人必须花加倍的心力与内心交战，从而削弱了他的实际理解力与清晰的思考力。

一个IQ高的人和IQ低的人谁更幸福？答案肯定是IQ低的。一个IQ低的人往往会无忧无虑，而一个IQ高的人往往在做事情时会瞻前顾后。那么一个EQ高的人和EQ低的人谁更幸福？答案也很明显是EQ高的。IQ低的人可能会进步，但是EQ低的人很容易患抑郁症。EQ低的人在受到挫折时，会很容易拿别人的错误来惩罚自己。高EQ能让我们明白外面的世界很现实，很复杂，也很精彩。自己会走什么道路其实在于自己的情绪，在于对未来的各种选择。比如说摔倒了，有的人会说真倒霉，有的人会说正好我要歇一会儿。对于外面世界的一切的美好，一切的复杂都要靠你的EQ去领会。你要用高EQ去看待一切的不公平，一切的美好。

在美国，人们流行一句话："智商（IQ）决定录用，情商（EQ）决定提升。"

事实上，IQ 和 EQ 都很重要。只不过，在今天这个竞争日趋激烈、知识爆炸、人际关系复杂的社会中更显出 EQ 的重要性。

三、对孩子加强情商培养

　　只要让孩子多一点勇气，多一点机智，多一点磨炼，多一点感情投资，孩子们也会像"情商高手"一样，营造一个有利于自己生存的宽松环境，建立一个属于自己的交际圈，创造一个发挥自己才能的空间。

　　现在的父母对孩子的教育是越来越重视了，在孩子教育方面的投资也越来越大了。父母们聚在一起所谈论得最多的一个话题就是：孩子的学习怎么样，谁家的孩子学习好，谁经常考第一名，谁家的孩子不知道学习，等等。其实，父母关注孩子的学习是一件好事，是应该得到提倡和发扬的。可是，有一些父母的教育方法却把孩子领入了一个误区：为了让孩子各个方面都得到发展，一到周末，就把孩子送往各种补习班，对孩子进行盲目的恶补。其实，父母只注意到了孩子智力的开发，却忽略了让孩子走向成功的另外一个更加重要的因素，也就是所谓的情商。那些在父母的精心呵护下长大的孩子，就像是生长在温室里的一朵花，他经不起一点挫折和磨难。不能清楚地认识自己，对自己的能力也不能很好地把握，更别说去控制和整顿自己的情绪了，当他遇到困难的时候也不会自我激励，只有一味地退缩而已。对于别人的情绪、感觉和需要更是采取事不关己的态度。这样一来，就不能正确认识自己和他人，更谈不上什么同情心理，对于人际关系也会被他处理得一团糟。许多的心理学家都认为，情商是影响个人健康、情感、人际关系的一个重要因素，更是一个人生活的动力，它可以让智商发挥更大的效应。

　　我国从古代起就提倡"忍"、"三思而后行"、"不以物喜，不以己悲"、"淡泊明志，宁静致远"，现在风靡全球的"成功教育"、"愉快教育"也都无一不包含着情商培养的因素。因此，今天的父母们在全方位的开发孩子智商的同时，更应加强对孩子情商的培养。

说了这么多情商的重要，那么，到底什么样的做法才是高情商的表现呢？

首先，高情商的人不管做什么事情的动力都是来源于内部，他们有很强的自觉性和主动性。在决定要做一件事情之后，没有完成是绝对不肯罢休的。做任何事情，他们都有明确的动机、强烈的兴趣以及所表现出的积极独立和不甘落后，并且有勇气，自信心强。一个高情商的孩子，懂得自动自发，自动做事、自动读书、自动做功课，所有的一切都是自动的，不用别人来督促。因此，就算他的智商不比别人高，但成绩也可以比别人好。

其次，高情商的人目光是长远的，他们不会沉溺于一些短暂的利益之中，不管想什么问题、做什么事情，他们都会把眼光放得很远，而不会满足于眼前的一点点欲望。

比如：研究者告诉孩子们说："这里有糖，你们可以马上吃，但只可以吃一块，如果等我出去办完事回来再吃，你们可以得到两块糖。"跟踪实验的结果表明：那些有耐心等待的孩子，长大后比较能适应环境、讨人欢心、敢冒险、自信、可靠；而那些只满足眼前欲望的孩子，长大后各方面的成就都不是很高。

第三，高情商的人善于控制自己的情绪，他们在任何时候都可以做到头脑冷静、行为理智，能抑制感情的冲动，克制急切的欲望，及时化解和排除不良的情绪，使自己始终保持一种良好的心境，心情开朗，胸怀豁达，心理健康。一个高情商的孩子，会把自己的情绪控制得很好，当他们遇到让他们感到烦恼的事情时，他们可以自己化解，绝不会做出一些极端的事情来。

第四，差不多每一个人都有某些连自己也看不清楚的个性上的盲点，高情商者常常会自我反省，从不同的角度了解、认识自己，对自己有一些比较客观的评价，具有自知之明，并且能正确地为自己定位。因此，他能够处理好周围的关系，而成功的机会也总是比较大。一个高情商的孩子，会很清楚地看到自己的优点和缺点，他们既不会因为成绩好、受老师赏识而自傲，也不会因为自己在某方面不如别人而自卑。

最后，高情商的人善于洞察并理解别人的心态，能控制自己的情绪，会设身处地为别人着想，领悟对方的感受，尊重他人的意见。因此，他们善于人际沟通与合作，人际关系融洽，在复杂的人际环境中也会游刃有余。一个高情商的孩子，在集体中会有好人缘，容易受老师和同学的喜爱和欢迎，很少感觉孤独。

其实情商就是一种能力，是一种创造，又是一种技巧。既然是技巧就会有规律可循，就能被人们所掌握，就可以熟能生巧。只要让孩子多一点勇气、多一点机智、多一点磨炼、多一点感情投资，孩子们也会像"情商高手"一样，营造一个有利于自己生存的宽松环境，建立一个属于自己的交际圈，创造一个更好发挥自己才能的空间。

四、提高孩子的情商应先由父母做起

消极的情绪无助于问题的解决，反而会像传染病一样在全家弥漫。所以，父母应当以理智的头脑控制自己的情绪，应该学会掌握调节自己的情绪，同时帮助孩子摆脱消极情绪的控制，学会自我调适，变得乐观自信起来。

家庭是孩子学习情商的第一所学校，是孩子情感发展的基石。在家里，他们将学到许多基本信息知识，比如他们的自我观察，别人对自己的反应，如何看待自己的感觉，如何洞悉别人的情绪与表达自己的喜怒哀乐等。根据研究显示，父母对待子女的方式，对子女的情感世界有长远而深刻的影响。因此，想要孩子具有高情商，父母必须力争做到以下五点：

1. 为孩子树立良好的榜样

父母的一言一行、一举一动，无不对孩子起着潜移默化的影响和作用。因此，父母要以身作则，凡是要求孩子做到的，首先自己要做到，用榜样的力量去影响孩子。

2. 父母要用好的情绪影响孩子

孩子的情绪往往受家长的影响，平时在生活中，家长要用热情、豁达、乐观、友善等好情绪对待孩子和他人，控制住自己不好的情绪，这样孩子才会具有活泼、大方、快乐、关心他人的优良情绪和性格。同时大人还要及时排除孩子恐惧、抑郁、悲伤、愤怒等不易被社会接受的坏情绪。父母还要让孩子懂得：应该在什么场合，用什么样的情绪，以便让孩子能自觉地掌握，逐渐形成自我控制情绪的能力。

3. 要注意孩子情感的细微变化

父母要与孩子做一些心灵沟通，做孩子的知心朋友。对于孩子的要求，只要是合理的、能够满足的，父母应该尽量给予满足；不合理的、不能满足的，则要向孩子说明为什么不能满足的道理。父母千万不能不关心孩子的痛痒，也不能让孩子放任自流，更不能动辄训斥、打骂，压抑孩子的情感流露。相反，父母应让孩子的情感得到合理的流露，并要了解它产生的原因，需要解决的，应及时加以解决。

4. 要为孩子创造各种人际交往的条件

如果家里来了客人，父母要让孩子相识相伴、沏茶接待。父母也要适当带孩子去参加一些聚会、晚会，让孩子见见各种场面，学习与各种人打交道。另外带孩子上街时，要鼓励孩子问路。乘车、进公园、购物等，都可由孩子付费。孩子在幼儿园或学校当了小干部，都要予以积极鼓励和支持。

5. 要让孩子多参加各种集体活动

在集体活动中，孩子与同龄的小朋友一起生活游戏，他们会相互教会怎样玩耍、怎样相处、怎样生活。父母要欢迎孩子的朋友上自己家里来玩，也要鼓励自己的孩子到别的小朋友家里去玩。在孩子与其他小朋友交往的过程中，父母要教育自己的孩子严于律己、宽以待人、互相信赖、彼此尊重。

教孩子学会情绪的自我调适，是父母们日常生活中应该特别给予关注的。

请看这个事例：

小辉又在家摔东西了，他摔碎了爸爸心爱的瓷茶杯，还砸坏了妈妈梳妆台上的大镜子，接下来是一场席卷全家的"急风暴雨"。当小辉被三四个大人"押"到心理老师面前时，他手上缠着纱布，脸上、手臂上都有青紫的伤痕。父母回避后，小辉对心理老师慢慢道出自己的苦衷："还不是因为我期中考试没有考好？父母不许我做任何解释，这次题目特别难，班上十几个人没及格，我都及格了，比上学期名次还提高了。可爸妈不相信我，说我贪玩、不努力，我能不跟他们急吗？我一回到家里就感到特别压抑。我学习很努力，可没有父母期望得那么好。爸爸见到我总是板着脸，除了问学习没有别的话说，我出点小错就打骂，他手可狠了，摔东西可厉害了，老拿我当作出气筒；妈妈爱唠叨，又动不动就哭天抹泪的；爷爷有心脏病，不让大声说话；只有奶奶真疼我，可又管不了爸爸。一放了学，家里人都不让我出去，说我脾气大，怕我惹事，不让我下楼踢球，也不让听音乐，我觉得家里简直像牢笼一样！我心里一感到难过，就想学爸爸的样子摔东西，听到那刺激的响声，我才觉得心里痛快些！"

其实，所谓脾气大、情绪易波动的青少年，往往是情商较高的孩子，同时也是因为他们的神经系统属于强型，所谓"发脾气"，是因为缺乏宣泄和表白的机会，只不过是想让父母了解自己的内心。近年来，"情商"这个时髦的心理学名词引起人们的兴趣，是有一定道理的，因为情商是人的非智力因素的核心内容，也是一个人事业成功的关键性因素之一。情商包含着三方面的内容：一是正确表达和适度控制自己情感的能力；二是理解和接纳他人情感的能力；三是与他人交流情感，以自己情感影响和感染他人的能力。在家庭教育中，应重视对孩子的情感教育，家长应引导孩子努力提高情商，懂得爱自己和爱别人。

世界医药学的鼻祖希波克拉底曾经说，躯体本身就是疾病的良医。七情六欲，人所共有之。但是，同样是情绪，可以给人带来健康，也可以给人带来疾病。而人本来就有能力和办法来控制和调节自己的情感和情绪，使之利于健康和生命的。儿童、青少年处在心理尚不成熟、情绪情感十分丰富而脆弱，且又复杂多变的时期。在家庭中，父母的情绪直接影响孩子的情感水平，是孩子的情绪的主要"影响源"。因此，父母应该学会驾驭自己的情感，提高自己的情商，保持自己情绪的乐观、稳定，给孩子做出健康情感的榜样。并成为孩子情绪的镇静剂、安慰剂和调节剂。

喜怒哀乐，人皆有之。在家庭中，教孩子学会情绪的自我调适，以下建议可供父母们参考：

加强自身的情感训练，提高自身的素质，具备基本的情商。

对孩子细心一些，发现孩子情绪不佳时，要懂得理解孩子的感受，努力去了解引起孩子情绪不佳的前因后果，进而协助孩子以适当的方法抚平情绪。

帮助孩子建立自信心，培养他们的同情心，促进其情商的发展。

每天和孩子聊天 10 ～ 20 分钟。为了避免拘束，可以采用共同的游戏、文体活动，或者是在睡前陪伴孩子一会儿，创造一种轻松温馨的气氛，使孩子愿意说出想说的话。创造轻松活泼的气氛，保持乐观、平和的心境，处事不惊，顺其自然，应变能力较强，知足者常乐，能够轻松做事。

开朗豁达处事。凡事想得开，对人大度开明，虚怀若谷，在家庭中讲究宽容，有话好好说，运用对话、谈心、讨论等方式与孩子进行心理沟通。

保持深邃稳定的人格魅力。遇到任何事情能够镇定自若，引导孩子善于以自信和自强之心来战胜挫折和失败，使他们真正学会主宰自己的情绪。

以幽默机智化解家人之间的矛盾。要能够承受一切外界和内心变化所带来的危机，总是会转危为安，保证在家里不动武、不喊叫，以幽默机智，保持和谐平静的气氛。

如果父母出现言行、情绪失控的情况，向孩子发了脾气，则应当在事后做检讨。反省自己，以得到孩子的理解和原谅。

对于进入青春期年龄的孩子，父母更要注意尽量不与孩子发生正面冲突，而是要心平气和，冷静处理所有的问题。

情感的交流是相互的。父母也应该将自己的喜怒哀乐告诉孩子，使他学会关注别人的内心，学会分享别人的快乐，分担父母的忧愁和烦恼。

鼓励与肯定孩子对不同情绪的表达。尤其是对不好的情绪，也要表示理解和尊重；还要教孩子通过正确的方式宣泄负面情绪，比如，通过向亲人倾诉，通过向自然环境的宣泄等，达到敞开心扉，缓解紧张焦虑情绪的目的。

培养孩子对艺术的爱好，以使他的情绪得到转移。引导孩子学会专注地欣赏艺术作品，让孩子明白，这是一种艺术修养，可提高一个人的品位。使孩子学会用音乐、绘画、朗诵、作诗等方式来表达自己的内心，也是完全可以逐步实现的。

五、让孩子远离"成长问题"

　　有些孩子有着非常高的智商，但是他们的情商却低得可怜，致使他们出现了一系列的问题。所以，父母要经常和孩子做一些情感上的交流、对孩子细心一些、帮助孩子建立自信心、培养孩子的同情心，以便促进孩子情商的发展。

　　厌学、早恋、网恋、孤僻甚至是犯罪这些事情越来越多地发生在孩子的身上，不仅如此，还有越来越多的孩子对于亲情表现出冷漠，不愿意和父母沟通，并且在人际关系的交往上也存在着一系列的问题。于是，人们把这些孩子划为"问题孩子"。然而根据教育专家研究发现，这些"问题孩子"的智商基本上是正常的，甚至有的还是智力超群的。但是，他们的"情商"却相对比较低，他们的情感世界可以说是一片荒漠。这些问题从根本上来说并不是孩子的过错，而是他们严重缺乏情商方面的教育。

　　根据了解，"问题孩子"的年龄一般都在 3 ～ 20 岁，也就是说他们基本上都是计划生育政策实行后出生的独生子女，是备受父母呵护的一代。看见孩子有这么多的问题，父母们心急如焚，遍求良方。

　　现在的不少家长都反映如今的孩子越来越难管教了，非常希望教育专家能指点迷津，帮助他们解决孩子成长中的一些具体问题。

　　为什么现在的"问题孩子"越来越多，问题也越来越突出了呢？教育专家林蔚博士认为，孩子出现这些问题的一个重要原因就是我国对孩子的情商教育方面的落后！我国的普遍教育往往偏重于智商而忽略了情商！学校存在这种现象，家庭教育更是这样。

随着人们的生活水平提高，现在的很多父母为了孩子拼命工作。他们认为只要给孩子吃好、穿好就算对孩子好了，从而忽视了对孩子情感上的教育和沟通，让不少孩子产生了孤独感，逐渐变得沉默，然后演变成叛逆，甚至是犯罪。目前的"问题孩子"大多是独生子女，家里几代人都宠爱这一个孩子，造成孩子心中至高无上的优越感，使其在与朋友、同学的交往中颐指气使，也导致没有要好的朋友，从而陷入孤独。

刘翔平博士认为，塑造一个人性格的重要阶段是 0～12 岁，老师和父母都要注意对孩子情感、情绪及心理方面的教育。情商教育专家吴芳认为，一个人的行为来源于他自身的需求或动机，而这种需求或动机又受情绪情感的支配。那么，要解决孩子的叛逆、厌学、网恋等问题，就要重视"情商"教育。在一些大城市的中小学，都开设有心理活动课，孩子们可以在这里抒发情感、陶冶情操。目前，部分学校也拥有了心理咨询室，不过咨询老师大多是由语文老师兼任，很少有专业的心理老师。吴芳老师认为，过去几乎所有的家长都把教师奉若神明，希望老师能把自己的孩子教育成才。而现在有不少家长都认为，自己给学校交钱就是让老师教孩子，孩子有错就是老师有问题，从不认为孩子自己有问题，而孩子对家长与老师的关系是很敏感的，这样就容易让孩子学会"推卸责任"——自己犯错却责怪老师。

为了弥补孩子在情商方面的教育，让孩子们远离"成长问题"，现在已有多家教育机构涉及了孩子的"情商"教育。据悉，目前不管是家长还是教育机构都已经意识到了情商教育的重要性，但如何对孩子实施有效的情商教育却成为业内关注的问题。

培养孩子的情商就要关注孩子的心理、行为、意志、与人交往的能力、控制自己情绪的能力，心理脆弱、行为偏激的孩子，一旦走入社会就很难适应，遇到复杂情况往往会束手无策、不知所措，仅仅拥有高智商而缺乏情商的孩子，其创造力就很难挖掘、开发。

教育专家认为，要让孩子远离"成长问题"，父母必须转变教育观念，重视孩子的情商教育，这样，我们的孩子才能健康成长。

第十一章
把孩子培养成高智商

一、高智商的孩子需要超常教育

　　一个人的智商高就什么事情都不用愁吗？是不是只要拥有了高智商就会有一个很好的未来呢？其实不尽然，虽然说一个人的智商高是占优势的，但也不是只要智商高就可以有一番成就。所以，当你发现孩子有很高的智商的话，一定要找出适合孩子的教育方法才行。

　　高智商的人干什么事情都是轻松自如，事半功倍。面对同样的知识，可能一般人要花好几年的时间才能掌握或者是才能掌握其中的一部分，但是高智商的人只需要花一年或是几个月甚至更短的时间就可以了。而高智商所带来的成就会让一个人非常自信，虽然他本来就很自信，但是不断地取得成功会让他的自信心越来越强。有一项心理研究表明：一个人的自信心和他的成功是成正比的，成功越多，自信心也就越强。

　　高智商的人还特别容易赢得他周围人的肯定。高智商的人一般都表现得十分优异，他会给父母以及周围的人不断地带来惊喜，也会给自己带来更多的肯定和支持。正是因为他的超常表现，才会让父母对他进行超常教育。要不然，父母只会对他进行普通的教育，那又怎么能表现出他的超常呢？所以，这是一种相互的作用，也正是这种作用给高智商的人带来了超常的成就。

　　一般智力超常的孩子具体表现在以下几个方面：

　　有较强的观察力，通常可以在普通孩子看不出问题的地方发现问题。

　　有比较强的记忆力，并且善于在理解的基础上进行记忆。

　　有着非常丰富的想象力，爱标新立异。

　　思维敏捷、深刻，理解能力强，易掌握事物的本质，抓住问题的关键，并善于对事物进行分析、比较、对照、归纳、总结和推论。

求知欲旺盛，喜欢打破砂锅问到底。

那么，是不是所有智商高的人都会有良好的发展呢？美国曾经对一些哈佛毕业生（高智商者）进行追踪调查，结果表明那些大学里考试成绩最高者，在以后的收入、成就、行业地位等方面并不一定比成绩低的人更好。同时，在生活满意度、友情、家庭以及爱情上也不见得更理想。这是为什么呢？

经过研究表明，高智商的人，他们的大脑和普通人之间确实是存在着差异。

我国学者王文英等也曾研究过超常儿童（IQ>130）的高级神经活动特点，结果发现：

超常儿童的大脑皮层机能发育水平高；大脑机能能力强。

所以，那些智力超常的孩子很容易就会对外界的事情做出迅速而又准确的反应，而且他们的记忆力也很强。但是智商高的人，他们的成长不一定都是顺利的，也不一定都会拥有幸福的人生，因为他们承受了太多压力和无奈，那是平常的人体会不到的一种痛苦。或许高智商会让他们与众不同，但是，很多时候，高智商很可能会成为他们成长中的一块"绊脚石"，这块石头会使他们失去很多普通人的快乐，包括健康，而且还非常有可能会造成一些无法弥补的遗憾。

虽然对于天才还没有一个确切的定义，不过大部分专家都认为，智商测试或其他标准测试中前3%～5%的高分孩子应当算是天才。在2000年《天才儿童季刊》发表的一项研究结果显示，研究者跟踪的3520名天才儿童中有5%的孩子辍学，与普通智力的孩子辍学的比例（5.2%）相当。天才为什么也会辍学呢？可能会是因为"天才"的表现往往会与众不同。而在一些集体的教育中，他们的这些"不同"就会被教学的程序、教学的规则和教育的进度所干扰。所以，当"天才"在挑战既定的教育时，教育对待天才的态度就直接决定了"天才"的去向。当然，"天才"离开学校并不一定是"天才"的遗憾，但是不是每一个"天才"都能像爱迪生、比尔·盖茨那样成功发展呢？

一般思维敏捷的孩子在上学之前就已经知道了很多东西，老师在课堂讲的东西他一听就知道了，于是，他就开始寻找一些"稀奇"的东西，比如和别的小朋友说话；在课堂上向老师提出一些和课堂上没有关系的东西，然而这些表现就会让老师觉得这个孩子是不是得了"多动症"了，其实他只是太聪明而已。但是，课堂是为了大多数的孩子而设计的，不可能只是根据一个智商高的孩子的需要来进行的。所以，高智商的孩子会不适应普通的教育。《天才被否认：如何停止浪费我们最聪明的头脑》的作者简·戴维森说："当我们问超常儿童他们最主要的障碍是什么时，他们几乎总是回答说是学校。"

高智商的人一般自尊心、自信心、好胜心都特别强，而他们的组织纪律性却特别差，还特别反感外部的一些规矩，时间一长，他们还特别容易产生优越感，把娇骄二气表现得淋漓尽致，最大的一个弱点就是在人际交往方面。这些都是高智商人群的弱点。一个"天才"不仅需要高智商，而且需要有现实的超常表现，而这些现实的超常表现是需要培育的，甚至是需要"超常"培育。"超常"培育必然带给"天才"智商上的压力，因为他们犹如被上了发条的钟表一般不能休息。很多的天才都在家人或者学校的"催促"中不断跳级，似乎越快学完相应的课程就越表明"神乎其神"。但跳级却给这些天才带来了很多"心理不适"。高智商不适应普通教育，而超越普通教育的跳级也会使"天才有心理不适"的。

所以，当父母在教育"天才"的时候，一定要找出适合他的教育方法。

二、孩子的智力是需要开发的

做父母的都希望自己的孩子聪明，希望自己的孩子智力超群，甚至想把孩子培养成一个小"神童"。这就需要父母从各个方面来加强对孩子智力的开发，让孩子从小就接受训练。虽然说一个人的智力有着遗传的因素，但是，后天的教育更为重要。

孩子的智力需要开发，这是一个毋庸置疑的问题。现在的父母都希望自己的孩子是一个高智商的人，就算不是一个高智商的人，也要想尽各种方法来培养孩子，开发孩子的智商。其实，孩子的智力是可以开发的，父母可以从以下几个方面着手：

1. 通过音乐教育开发孩子的智力

音乐对于孩子来说具有一种强烈的感染力，它可以非常容易就引起孩子在感情上的共鸣，孩子最早所接受的教育就是从感受音乐开始的。通过音乐，可以把孩子那份很可能被埋没的才智挖掘出来。

（1）感知觉的发展是智力发展的基础

当父母在对孩子进行音乐教育的时候一定要重视对于孩子的感官训练。父母可以让孩子闭上眼睛听周围所发出的声音，让孩子辨别声音的长短和高低。还可以让孩子模仿他所熟悉的东西所发出的声音，比如，小鸭子的叫声、青蛙的叫声、火车和汽车的鸣笛声。父母还要鼓励孩子把他对节奏的感受和反映用一些简单的动作来表达出来。比如让孩子拍拍手，跺跺脚，说说，敲敲，这样可以培养孩子眼睛、嘴巴、耳朵和手脚的协调。

（2）语言能力是智力发展的重要条件

对于培养孩子智力的发展，语言能力是起着非常重要的作用的。在日常生活中，父母可以选择一些优秀的儿童歌曲让孩子听，因为歌曲对孩子有着非常强烈的感染力，可以让孩子在听听唱唱中不知不觉地丰富词汇，还可以让孩子凭借自己对音乐的感觉和理解，结合自己生活实际，编出自己喜欢的、生动活泼的小故事讲给别人听，从中促进语言的发展。

（3）思维能力是智力的核心

孩子的思维是随着语言的掌握发展起来的。当父母在教孩子唱歌的时候，可以让孩子在熟练地掌握歌曲旋律的情况下自己编旋律，自己填上自己想唱的歌词，还可以让他编几个和歌词相对应的动作。这样对孩子思维能力的发展是有所帮助的。父母还可以为孩子选择不同的音乐，以启发孩子根据不同的音乐来表达自己不同的感受。

2. 在游览中开发孩子智力

怎样利用参观游览来促进孩子身心健康和智力发展，同时还可以达到让孩子获得知识和开阔眼界的目的呢？

首先，当父母要带着孩子去参观和游览时，应该一边走一边和孩子谈话，在游览的过程中看到什么就要给孩子讲什么。如果发现孩子对一些事情感兴趣的时候，就可以针对这些事物对孩子进行一些有关的知识教育，在讲解的时候一定要注意知识的准确性。

其次，如果是去一些定好的地方去参观和游览，父母应该对要参观的地方事先做一些了解，也可以找一些资料，作好知识方面的准备。如果有一些资料找不到或是解说得不是很详细的话，可以根据里面的说明牌给孩子讲解。

第三，父母必须明确好自己的目的，要知道除了游玩之外，最重要的是让孩子获得一些知识，让孩子从中学会观察，得到锻炼。所以，当观察动物时，要让孩子去注意动物之间的不同和相同之处；观看植物时，让孩子注意看不同的花和不同的树之间有什么区分，这样可能培养并提高孩子的比较和鉴别能力；当参观一些名胜古迹、古代建筑的时候，要让孩子注意建筑物的形体特征，比例和色彩等方面的问题。并且要让孩子懂得，今天之所以可以看到这些壮观的建筑和秀丽的风景，都是人们用智慧和辛勤的劳动创造出来的，这样可以培养孩子的爱国主义思想以及对创造活动的向往。

想要做到这些，父母必须要有渊博的知识，以及对一些旅游胜地的了解，才能正确地回答孩子所提出的问题，从而满足孩子的好奇心，并且充实他的知识面，相对的，他的智力也就会有所提高。

3. 在劳动中开发孩子智力

很多家庭在周末清扫卫生活动的时候，往往是一个人在打扫卫生，而另一个人在照顾孩子。其实这种做法并不是最佳的，父母完全可以让孩子试着参加家庭劳动，不久就会发现，孩子在劳动的时候是快乐的，并且通过劳动还可以提升孩子的智商和情商。

劳动是中华民族的传统美德。让孩子参与劳动不仅可以增长孩子的知识面、锻炼孩子的意志力、增强孩子的责任心，而且还可以培养出孩子做事有始有终、尊重他人劳动的良好品质。

通过研究发现，就算是一些年龄小的孩子，比如三四岁的孩子，他们的身心发展水平也都已经具备了参加一些简单劳动的基本条件。当他们的体力随着年龄的增长而加强，身体的活动也比较自如，手的动作也比较灵活。当他们有一些简单的知识经验后，再加上孩子都是有着超强的好奇心，并且是好动，好模仿的。如果在正确的教育影响下，他们是会很乐意去参加各种力所能及的劳动的，而且他们还可以从劳动中获得知识、找到快乐。所以，父母不要把所有的家务劳动都自己做，可以带着孩子一同劳动，并且一同分享劳动所带来的快乐。

三、什么样的孩子智商高

到底什么样的孩子才会拥有高智商呢？父母文化程度高的孩子、眼球灵活的孩子、体重适中的孩子、爱笑的孩子、爱争论的孩子、勤于运动的孩子、多与父亲打交道的孩子、睡眠充足的孩子一般智商比较高。

每个父母都希望自己的孩子智力过人，拥有高人的智商，但是到底什么样的孩子才会拥有高智商呢？为什么这样的孩子会拥有过人的智商呢？这些都是需要父母自己去深思的问题。

1. 父母文化程度高的孩子

孩子的第一个生活环境就是家庭，不管是从身体、智能还是心理等许多方面家庭都对孩子产生了潜移默化的影响。英国专家提供的一份资料是最好的证据：父母都是小学文化程度的孩子平均智商是 98.3，父母都是初中毕业的孩子平均智商为 103.3，父母都是高中毕业的孩子平均智商达到 108.1，而父母都获得大专和大学文凭的孩子平均智商是 109.9。这些充分说明了一个问题，就是：父母的文化程度越高，孩子的智商也相应地越高。

2. 眼球灵活的孩子

美国的专家通过对照观察显示，那些目光灵活、眼球运转快的孩子智商比较高，而那些目光呆滞的孩子智力就比较差。那么究竟是为什么呢，原来其奥妙就在于眼睛是一个人所有感觉器官中向大脑输送信息量最多的器官，其中 90％以上的信息都是来源于眼睛。眼睛视物越快，大脑受到的良性刺激就越多，智商也就越高。因此，要好好保护孩子的视力，让其多看多想，提高视觉的灵敏度，可以促进智力的发展。

3. 体重适中的孩子

研究人员将超过正常体重 20％的肥胖孩子与同龄正常的孩子相比较，发现智商尤其是操作智商的相差十分大，不管是从视觉、听觉以及接受知识的能力，前者均处于低水平的状态。神经解剖学家为此所做的解释是，肥胖儿大量脂肪进入脑内，挤压脑的沟回，妨碍神经纤维增生与沟回形成，致使大脑皮层平滑，神经网络简单，医学上称为肥胖脑。所以，父母一定要注重孩子的平衡膳食，让孩子坚持体育锻炼，削减超标的体重，这是提高肥胖儿智商的重要一招。

4. 爱笑的孩子

一般喜欢笑的孩子都比较聪明，这是美国华盛顿大学医学专家在系统地研究了年龄与智慧之间的关系后得出的结论。他们观察到，聪明的孩子对外界事物的发笑年龄比一般的孩子早，次数也更多。

从孩子的发育进程来看，一般在出生后第 2～3 个月时在父母逗引下发出微笑，称为天真快乐反应，这是孩子与他人交往的第一步，在心理发育上是一个飞跃，对脑发育是一种促进，被誉为"一缕智慧的曙光"。为人父母者应及时抓住这一缕"曙光"，作为早期智力开发的一种契机与方式。具体做法是，父母多向孩子微笑，或给以新奇的玩具、画片等激发其天真快乐的反应，让孩子早笑、多笑，这样的孩子长大后智商会比较高。

5. 爱争论的孩子

争论是一种语言上的斗争，想要战胜对方就必须采用最流畅最简练也最有逻辑性的语言。因此，争论可以给孩子提供一种特殊的语言学习和训练的机会，在争论中发展完善发音器官，积累丰富的语言因素，改进语言形式，增强表达能力，所以，喜欢争论的孩子大多都非常聪明。

6. 勤于运动的孩子

有研究发现，凡是每天坚持 20 分钟跑步或健美操的孩子，其学习成绩明显优于那些懒于运动的孩子。他强调锻炼能使大脑处于最初的启动或放松状态，想象力会从各种思维的束缚中解脱出来，变得更加机敏，更富于创造力。

7. 吃母奶的孩子

英国剑桥大学营养学家对 300 名 7 ～ 8 岁的儿童做了智商测验，并与其在婴儿期的食谱进行对照，结果发现吃母奶长大的孩子普遍智商高，平均比喝牛奶的孩子高 10 分。奥秘在于母奶中含有多种可以促进大脑发育的活性物质，特别是一种叫作牛磺酸的特殊氨基酸，它不仅能增加脑细胞的数量，促进神经细胞的分化与成熟，而且还有助于神经网络的形成。与牛奶相比，母奶中牛磺酸的含量高出 10 多倍。

8. 经常欣赏音乐的孩子

从 3 岁开始，孩子的感知、思维、反应和表达能力都有了突变，如果教育得法，将是一个初露锋芒的重要时期。如贝多芬 3 岁学钢琴，6 岁登台演奏；莫扎特 3 岁学钢琴，7 岁作曲；肖邦 3 岁半学钢琴，7 岁旅行演出。大名鼎鼎的科学家爱因斯坦也是从幼年开始学提琴的，音乐促进了他智力的发展，为他后来潜心探索科学创造了良好条件。著名的"狭义相对论"思想不就是在他连续两周的音乐演奏中孕育成熟的吗？爱因斯坦深有体会地说："我的许多科学成就就是从音乐启发中而来的。"更确切地说，是由于幼年开始的音乐学习赋予他超人的智力。

9. 多与父亲打交道的孩子

据调查，常与父亲相处的孩子，对外界刺激的敏感性、生活独立性和自信心等方面都具有优势。资料显示，常与父亲在一起的孩子，对新奇的事物兴趣更浓，社交能力更强，孩子的数学成绩更好。但愿所有做父亲的，平时工作再忙，也要注意多与孩子亲近，给孩子讲故事，一起做游戏、看书、画画等。这样，长时间的耳濡目染，可以不断开启孩子的智力。

10. 睡眠充足的孩子

法国科学家以 7～8 岁小学生为对象，观察到孩子的学习成绩与其睡眠长短关系密切。凡是睡眠少于 8 小时者，61％的孩子功课比较差。而每晚睡眠 10 小时者，76％成绩中等，11％成绩优良，只有 13％功课较差。这种说法得到加拿大多伦多大学心理学教授的印证，他们强调睡眠的重要性与学习书本知识等同。对复杂逻辑游戏，完全不睡或少睡的孩子明显落后于正常睡眠的孩子。

四、决定孩子智力的因素

有很多因素可以决定孩子的智力，其中有一些因素对孩子智力的影响作用是不可低估的。所以，作为父母对这些因素一定要了解，并要为孩子智商的发展创造条件。

几乎所有的父母都希望自己的孩子聪慧过人，可怎样才能如愿以偿呢？众多资料显示下列因素对孩子智力的影响作用不可低估。

1. 饮食

吃肉过多或贪吃的孩子智力会减低。不吃早餐的孩子智力会受到影响，这是因为早餐摄入的蛋白质、糖、维生素和微量元素等都是健脑的重要成分。

2. 环境

生活在枯燥环境里的儿童，如弃婴，得不到母爱及良好的教育，智商会较低。据研究调查表明，这类孩子 3 岁时平均智商仅为 60.5，反之，处于良好环境的 3 岁儿童智商平均为 91.8。

3. 药物

某些药物会影响儿童的智力，如长期服用抗癫痫药物可使智商偏低，当停药若干年后，智商便会有所提高。

4. 人体生理节律

科学研究表明，每个人从出生起一直到生命终止，身体内一直存在着体力、情绪及智力三方面的周期性变化，这种周期性的变化即为人体生理节律。

人体处于生理节律低潮期或低潮与高潮期临界日时，身体易疲倦，并情绪不稳、做事效率低、注意力难以集中或健忘、判断力下降。同时，身体抵抗力下降，易被病菌侵扰，感染疾病的几率增大。

5. 婚育时间

抽样调查结果显示：母亲在 23 岁以前所生子女的平均智商为 103.24，而在 28 岁期间生育者高达 109.29，但 29 岁以上所生的子女智商又低于 105，故专家认为 24～29 岁期间为女性的最佳生育年龄。至于男性，则以 30 岁左右为优。"早生贵子"与"晚年得子"对子女的智力发育皆是不利的。适宜的年龄在生育孩子的过程中可有充沛的精力，这对提高孩子的智力发育也是非常重要的。

6. 维生素 C 摄入水平

美国营养学家曾以 350 多名幼儿作为检测对象，发现其每 100 毫升血液中含维生素 C 在 1.1 毫克以上者智商高出平均水平 5 分。这主要是因为人脑细胞中负责向脑输送养分的神经管，容易堵塞变细，致使大脑缺乏营养而功能减退，维生素 C 可使神经管保持通畅，从而保证大脑的营养供应。

7. 血缘关系

一般说父母智商高，孩子的智商也不会低。这种遗传因素还表现在血缘关系上。有一种学说认为，父母血缘关系越远，孩子智商越高；混血儿漂亮又聪明就是常被这种学说引用的一个证明。当然，不同种族、民族之间的婚配也能生育出聪明的孩子。近亲婚配却是生育痴呆儿的祸根，"同村婚育"等就地取材式婚育观念也是不宜提倡的。有学者研究发现父母均为本地人，其子女平均智商为 102.45，同省异地通婚者上升到 106.19，异省者达 109.35。可见，远血亲关系与下一代的智商相关，择偶时不妨考虑。